THÈSE

POUR

LE DOCTORAT

La Faculté n'entend donner aucune approbation ni improbation aux opinions émises dans les thèses ; ces opinions doivent être considérées comme propres à leurs auteurs.

FACULTÉ DE DROIT DE L'UNIVERSITÉ DE PARIS

LES

DÉPENSES COLONIALES DE SOUVERAINETÉ

THÈSE POUR LE DOCTORAT

L'ACTE PUBLIC SUR LES MATIÈRES CI-APRÈS

Sera présenté et soutenu le Vendredi 23 mai 1902, à 9 heures

PAR

RENÉ FRANÇOIS

Diplômé de l'École des Sciences Politiques

Président : M. LEVEILLÉ, *professeur.*

Assesseurs { MM. ESTOUBLON, *professeur.*
JACQUELIN, *agrégé.*

PARIS

LIBRAIRIE MARESCQ AINÉ

A. CHEVALIER-MARESCQ & Cie, ÉDITEURS

20, RUE SOUFFLOT

1902

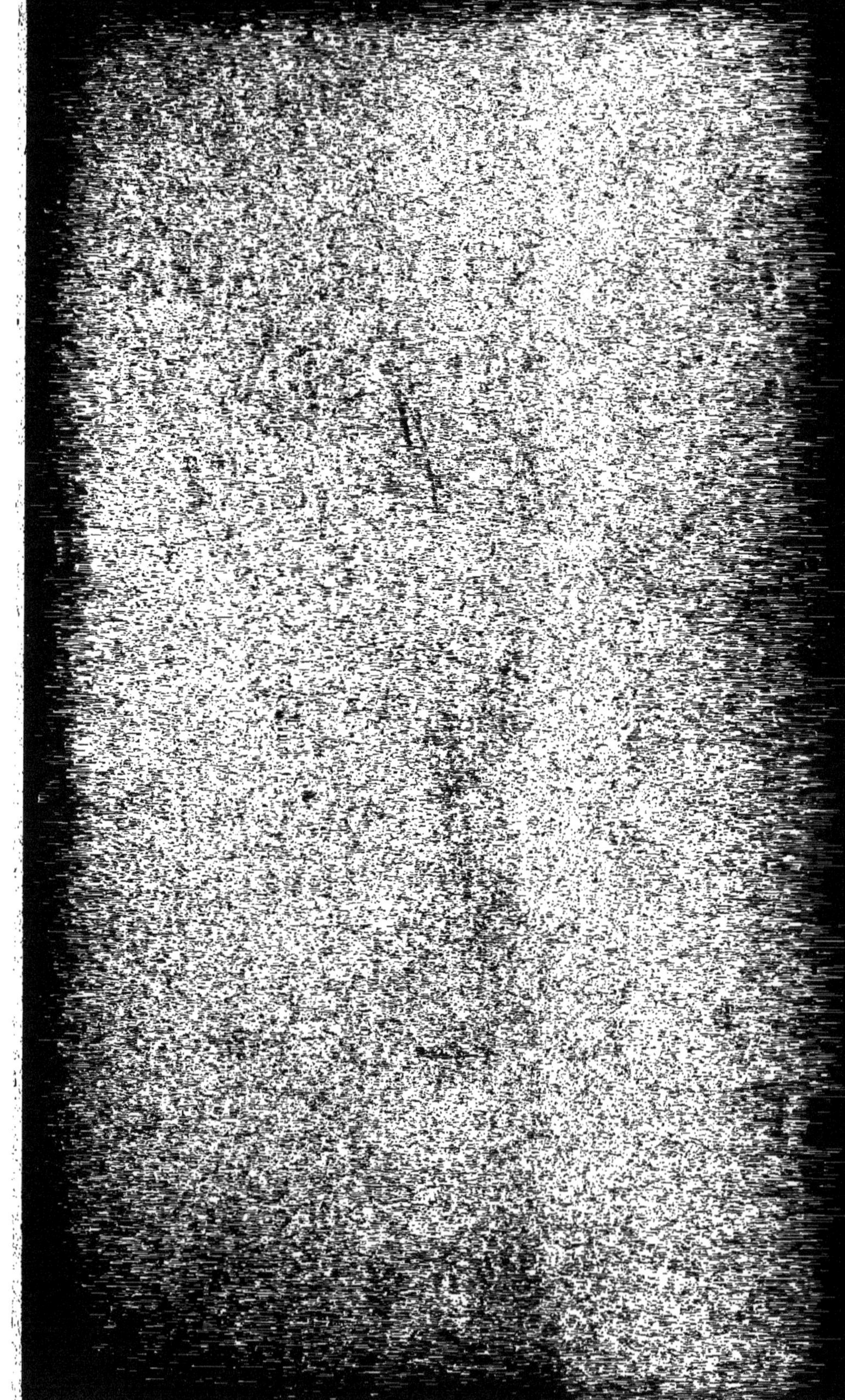

FACULTÉ DE DROIT DE L'UNIVERSITÉ DE PARIS

LES

DÉPENSES COLONIALES DE SOUVERAINETÉ

THÈSE POUR LE DOCTORAT

L'ACTE PUBLIC SUR LES MATIÈRES CI-APRÈS

Sera présenté et soutenu le Vendredi 23 mai 1902, à 9 heures.

PAR

RENÉ FRANÇOIS

Diplômé de l'École des Sciences Politiques

Président : M. LEVEILLÉ, *professeur*.
Assesseurs { MM. ESTOUBLON, *professeur*.
JACQUELIN, *agrégé*.

PARIS

LIBRAIRIE MARESCQ AINÉ

A. CHEVALIER-MARESCQ & Cie, ÉDITEURS

20, RUE SOUFFLOT

1902

INTRODUCTION

Jusqu'en 1881 les services coloniaux de la métropole n'occupèrent qu'une direction de la Marine ; ils furent ensuite organisés en sous-secrétariat d'Etat, et de nos jours, ils forment un ministère qui nous coûte annuellement plus d'une centaine de millions.

Le budget colonial est donc intéressant à étudier parce qu'il est considérable.

Mais, en dehors de cet intérêt qu'il partage avec tout gros département ministériel, le budget colonial attire tout particulièrement l'attention parce que les dépenses qui le composent présentent un caractère original.

Le budget du ministère des colonies, en effet, existe concurremment avec les budgets locaux des colonies : ceux-ci contiennent les dépenses coloniales ordinaires, celui-là ne renferme que certaines dépenses qui incombent à la métropole du fait de sa suprématie, d'où le nom de dépenses de souveraineté.

En présence de telles dépenses, on est amené à se poser nombre de questions quelquefois délicates, toujours intéressantes. Tel crédit doit-il avoir sa place au budget local ou au budget colonial, et pourquoi ? Y-a-t-il à ce sujet des systèmes généraux différents ? Et dans un autre ordre d'idées : A qui incombent les dépenses de souveraineté ? à la métropole seule ? La colonie doit-elle y participer ou même les rembourser en totalité ? etc., etc.

Tous ces problèmes peuvent se résumer dans la question suivante :

Quels sont exactement les rapports financiers qui doivent exister entre ces deux personnes morales douées chacune d'une certaine individualité financière, la métropole et la colonie ?

C'est là l'objet de cette étude. Nous réserverons pour un appendice qui servira de conclusion la question, peu douteuse, de la nécessité des dépenses de souveraineté. Afin de marquer le plus nettement possible les caractères de ces dépenses originales, nous n'aborderons la législation française des dépenses de souveraineté que dans notre seconde partie. Et dans la première nous tenterons d'élaborer une théorie.

PREMIÈRE PARTIE

La théorie des dépenses de souveraineté

CHAPITRE PREMIER

NATURE DES DÉPENSES DE SOUVERAINETÉ

1. Personnalités morales de la colonie et de la métropole. — 2. Définitions.

1. Personnalités morales de la colonie et de la métropole.

Avant même de définir nos « Dépenses de souveraineté », il est un point capital sur lequel il faut s'arrêter un instant car il domine tout notre sujet : c'est le point de savoir quelle est exactement la situation de la colonie, personne morale, vis-à-vis de cette autre personne morale, l'Etat.

La personne morale colonie est un groupement politique qui émane de l'Etat, groupement souverain. On peut donc tout d'abord concevoir l'hypothèse dans laquelle l'Etat a gardé pour lui tous les droits et attributs juridiques et n'a rien laissé à la colonie : c'est le système de l'assujettissement.

Par contre, on peut imaginer l'épanouissement de la personnalité coloniale tel qu'il n'y ait qu'un pas à franchir pour que la colonie ressemble à un Etat indépendant. Entre ces deux hypothèses extrêmes, il y a place pour une infinité d'autres.

A l'heure actuelle, deux conceptions sont possibles, qui déterminent deux courants d'idées bien distinctes. Dans la première conception, on considère la personnalité coloniale comme identique à la personnalité du département : c'est la théorie de la colonie, province d'outre-mer, c'est la théorie de l'assimilation.

L'autre conception, plus favorable à la personnalité coloniale, repousse l'assimilation de la colonie au département. Ses partisans ne se contentent pas de diviser les groupements politiques en deux classes :

Les groupements centraux.

Les groupements régionaux et locaux.

Entre les deux, ils intercalent les groupements coloniaux auxquels ils accordent une initiative plus grande qu'aux départements. C'est le système que prônait déjà Turgot, c'est la théorie de la colonie, sorte d'Etat vassal, c'est la théorie de l'autonomie.

Pendant longtemps (1) deux des plus importantes nations colonisatrices — la France et l'Angleterre — ont pris place chacune dans un camp : le système anglais penchant pour l'autonomie, même l'autonomie la plus complète selon le « self supporting principle » de Wakefield ; le système français faisant de l'assimilation un dogme, au point de vouloir réaliser avec les colonies de véritables départements français.

Qui a raison ? Sans doute chaque système a ses avantages et inconvénients propres, mais sans vouloir discuter cette question qui a été si souvent examinée, on peut déclarer cependant que la réalité des choses, la situation physique des colonies semblent faire incliner la balance du côté de l'autonomie. Comment, en effet, comparer un département, cette portion d'un tout homogène, continu, de dimensions restreintes, à ces immenses territoires, situés parfois à l'autre bout du monde, de climat, de races même différents ?

On distingue très nettement la personnalité de l'établissement public ordinaire d'avec la personnalité de la commune et du département. Les premiers

1. Nous disons pendant longtemps parce que les tendances autonomiques de la France ne datent que de quelques années ; encore en 1894, lors de la discussion de la loi créant le Ministère des colonies, un amendement fut déposé, proposant d'ériger les Antilles et la Réunion en départements français.

ont une personnalité bien restreinte, ils sont « spécialisés » et ne peuvent, par exemple, recevoir un legs affecté à un autre but que celui pour lequel ils sont créés. Le département par opposition, est universel, mais il possède encore une personnalité artificielle en ce sens qu'il peut lui manquer des rouages importants de la vie publique ; l'Etat, par sa proximité matérielle y supplée directement.

En ce qui concerne la colonie, il faut aller plus loin et lui prêter un organisme complet ; une colonie doit être équilibrée, il serait fâcheux qu'il en faille chercher l'axe dans la métropole et l'un des systèmes coloniaux les plus vantés, le système du protectorat dans un sens généralement admis, va jusqu'à respecter, si elle n'est pas trop rudimentaire, l'organisation primitive de la colonie.

La question de la souveraineté de l'Etat n'est pas en jeu ; car s'il faut à la colonie un organisme complet, cela n'empêche pas cet organisme d'être subordonné de telle sorte qu'il assure le contrôle de l'Etat. Bien plus, la colonie dotée d'un système incomplet, laissant dans la métropole un rouage nécessaire sera gênée, et ce malaise pourra, lorsqu'elle sera devenue puissante, amener la rupture.

Par contre, si la métropole profite de la situation amorphe de la colonie encore en enfance pour lui adapter un organisme complet mais permettant un contrôle efficace, elle agira avec la même sagesse que ces princes qui, voyant leurs peuples naître à la vie politique, eurent l'habileté de leur offrir bien vite une constitution dans laquelle ils se ménageaient le rôle directeur.

La situation de l'Angleterre, si petite comparée à son immense empire colonial, fait songer à ces petits remorqueurs qui remontent la Seine, tirant une longue file de lourds chalands : les chalands, ce sont les colonies. Si chacun d'eux ne possédait un gouvernail qui lui permet de se diriger dans le sillage du remorqueur, il risquerait à chaque instant d'aller à la dérive ; et, sous l'énorme poussée, le vapeur, pour n'être point entraîné devrait couper la corde !

2. Définition.

L'expression « Dépenses de souveraineté » ne s'explique pas d'elle-même ; en effet le droit budgétaire découle directement du droit de souveraineté ; on peut donc dire de toute dépense ayant trait à un service public qu'elle est une dépense de souveraineté.

Il s'agit ici, non de la souveraineté de l'administration sur le contribuable, mais de la souveraineté de la métropole sur la colonie.

Toutes les fois en effet qu'il n'y aura pas confusion comme dans l'assujettissement entre les finances coloniales et les finances métropolitaines, malgré l'existence des budgets locaux, la métropole pourra se réserver certains services coloniaux, estimant qu'en les retenant, elle garantit plus efficacement sa suprématie. Par exemple : la métropole retiendra les services de fortifications côtières tant à cause de leur importance primordiale que pour assurer la cohésion de ces services qui doivent répondre à un plan d'ensemble.

M. A. Girault, dans son Traité de législation coloniale se trouve amené à définir d'un mot les dépenses de souveraineté et les termes qu'il emploie ont l'avantage de marquer solidement le fondement de ces dépenses. « Les dépenses de souveraineté dit-il, « sont les dépenses coloniales que l'Etat prend à sa « charge parce qu'elles sont nécessaires pour assu- « rer la domination dont elles sont la consé- « quence » (1).

Nous ne nous arrêterons pas cependant à cette définition car elle semble présenter un double inconvénient. Le premier, c'est qu'elle tranche un point important et très discutable : le point de savoir si la métropole aura droit de demander aux colonies une aide financière quelconque du chef des dépenses qu'elle aura effectuées pour elles. Or, la définition de M. Girault de prime abord dit que non. En second lieu M. Girault semble ne recon-

1. *Traité de législation coloniale*, page 478.

naître que ce seul fondement : le droit de souveraineté ; or, au droit de souveraineté correspond un devoir. le devoir d'aide et de protection qui suppose qu'un Etat ne peut abandonner un pays volontairement adopté. Financièrement si la colonie ne peut se suffire, l'Etat doit l'aider de ses deniers. Il y a donc deux sources de dépenses de souveraineté auxquelles correspondent d'ailleurs deux catégories de ces dépenses : au devoir correspond ce qu'on appelle les « subventions » et au droit les « dépenses de services de souveraineté ».

Nous proposerons donc la définition suivante : « par Dépenses de souveraineté », il faut entendre certaines dépenses coloniales qui apparaissent au budget métropolitain parce qu'elles sont nécessaires à l'exercice du droit de souveraineté ou du devoir correspondant d'aide et de protection. Cette définition est très large et peut ainsi convenir aux conceptions si diverses de dépenses de souveraineté qui ont été adoptées à différentes époques ; mais si l'on estime que la principale qualité d'une définition c'est la précision il faudra en rechercher une autre d'un sens plus restreint.

Nous avons vu qu'il y a deux théories où la situation de la personnalité morale de la colonie par rapport à celle de l'Etat était envisagée d'une façon différente.

De là deux conceptions du droit de souveraineté

et selon qu'on admet le système de l'autonomie ou celui de l'assimilation, les dépenses de souveraineté diffèrent sur deux points.

D'abord au sujet de leur composition : les dépenses de souveraineté seront beaucoup plus nombreuses dans l'assimilation que dans l'autonomie.

Dans l'assimilation, le budget d'une colonie ne comprendra — tel un budget départemental — que les dépenses d'intérêt local, et toutes les dépenses d'intérêt général seront des dépenses de souveraineté ; dans l'autonomie, les dépenses générales apparaîtront dans le budget local à l'exception de quelques-unes intéressant spécialement le droit de souveraineté.

D'autre part, l'assimilation suppose un lien de solidarité analogue à celui qui existe entre l'Etat et le département, lien de solidarité qui n'existe pas avec le système autonome.

Il y a solidarité financière entre l'Etat et le département en ce sens que c'est le département qui — pour une portion — subvient aux charges de l'Etat. Le même contribuable paiera d'abord par exemple comme Parisien pour le budget du département de la Seine, et comme Français, pour celui de l'Etat. Cela a pour conséquence de ne point séparer par un fossé très profond le budget du département de celui de l'Etat. On n'attachera pas une importance exagérée à l'inscription d'une dépense au budget de l'Etat plutôt qu'au budget du département, puisque c'est toujours un peu la même bourse qui paie.

Dans une colonie d'assimilation, cette participation de la colonie aux dépenses de l'Etat, s'opère plutôt au moyen de « contingents » : la colonie donne annuellement à la métropole un subside proportionné à ses facultés, si bien que par exemple le Martiniquais est assimilé au Parisien puisque dans l'impôt qu'il paie annuellement, la petite fraction qui ira former le contingent représentera sa contribution comme Français et le reste, sa contribution comme Martiniquais.

Dans l'autonomie, selon qu'une dépense est inscrite au budget métropolitain (section des dépenses de souveraineté) ou au budget local, le Martiniquais ne paiera rien ou paiera tout.

Remarquons que ces deux points réagissent l'un sur l'autre : c'est parce que dans l'assimilation, les dépenses de souveraineté sont fort nombreuses, parce qu'elles comprennent des dépenses pouvant rationnellement être à la charge de la colonie qu'il semble juste, par une sorte de réciprocité, d'admettre une participation de la colonie aux dépenses métropolitaines ; inversement, c'est à cause de l'existence ou non de la solidarité financière que les dépenses de souveraineté ont une tendance à apparaître nombreuses dans l'assimilation, et rares dans l'autonomie.

Les dépenses de souveraineté telles qu'elles apparaissent dans l'autonomie c'est-à-dire : 1° limitées strictement et 2° n'entraînant point pour les colonies d'obligations financières réciproques, nous semblent préférables aux dépenses de souveraineté (système d'assimilation). La définition de sens restreint que nous proposerons sera donc la suivante : « Les dépenses de souveraineté sont les dépenses coloniales intéressant les droit et devoir de souveraineté de la métropole et qui, par suite, bien que la colonie soit dotée de l'autonomie financière, ont leur place dans le budget général de l'Etat ».

Cette définition d'ailleurs est la seule qui légitime l'appellation de « dépenses de souveraineté » donnée aux dépenses inscrites dans le budget du ministère des colonies puisque dans un régime d'assimilation, les services assurés par l'Etat dans le département sont services de souveraineté au même titre que ceux assurés dans les colonies.

Quoi qu'il en soit, il y a lieu de prouver que la conception autonomique des dépenses de souveraineté est préférable à la conception assimilative.

Nous y arrivons dans les deux prochains chapitres qui portent l'un sur la détermination des dépenses de souveraineté, l'autre sur la question de solidarité financière.

CHAPITRE II

DÉTERMINATION DES DÉPENSES DE SOUVERAINETÉ

3. Comparaison des subventions et des dépenses de services. — 4. Supériorité des subventions. — 5. Possibilité de contrôle avec l'autonomie.

Le but de ce chapitre est de déterminer quelle doit être la meilleure composition des dépenses de souveraineté ; l'autonomie présente une solution, l'assimilation en donne une autre, entre les deux il nous faut choisir.

3. Comparaison des subventions et des dépenses de services.

Les dépenses de souveraineté se composent de dépenses de services et de subvention et ces deux catégories sont très différentes l'une de l'autre. La subvention représente un secours global, éventuel, elle ne s'applique pas à solder telle dépense particulière, elle s'adresse nominalement à telle colonie.

Au contraire, les dépenses de services sont spéciales et impersonnelles en ce sens qu'elles s'appliquent à tel service déterminé, en quelque colonie que ce service apparaisse.

La subvention, secours éventuel, particulier à chaque colonie, est extrêmement variable ; suivant qu'il s'agira de telle ou telle colonie, de telle ou telle année, la subvention pourra être considérable ou nulle.

Au contraire, les dépenses de services sont relativement fixes, elles se retrouvent à toute époque, dans toute colonie et ne varient que proportionnellement à l'importance des services qu'elles assurent.

Non seulement la subvention apparait avec un caractère extrêmement variable, mais aussi avec un caractère transitoire. La règle est que la colonie doit se suffire à elle-même ; la subvention n'existera que dans des cas exceptionnels, principalement dans la période de formation.

Les dépenses de services offrent un caractère permanent : affectées à un service normal, elles se perpétuent avec lui.

Enfin, remarquons que si l'on accorde à l'une des deux catégories de dépenses de souveraineté une part prépondérante, c'est, pratiquement, aux dépens de l'autre. Il est évident que si les dépenses de services sont nombreuses le budget local — allégé d'autant n'aura guère besoin de faire appel

aux subventions. Inversement, si les dépenses de services sont nulles, la colonie, ayant à supporter tout le poids des dépenses coloniales, fera plus facilement appel aux secours métropolitains.

Cette dernière considération nous amène à prendre parti entre le système d'autonomie et le système d'assimilation.

L'assimilation en effet qui place dans les dépenses de souveraineté toutes les dépenses d'ordre général, donne la prépondérance aux dépenses de services ; l'autonomie, à l'inverse, restreint ces dernières pour accorder — par un effet de bascule dont l'historique nous fournira d'intéressants exemples — plus d'importance aux subventions.

4. Supériorité des subventions.

L'assimilation donc fait de la dépense de service la règle, et de la subvention, l'exception. Pour l'autonomie, c'est le contraire. Entre ces deux systèmes, l'autonomie paraît devoir l'emporter, car tous les points sur lesquels les subventions et les dépenses de services diffèrent représentent des avantages pour la subvention, et pour les autres, des inconvénients.

La subvention d'abord a le mérite de laisser aux services coloniaux une organisation locale, tandis que le service de souveraineté crée une centralisation dispendieuse. Prenons un exemple : en France,

le service des marchés est un service de souveraineté, donc un service centralisé ; quoique fort bien organisé et offrant de sérieuses garanties, il donne les résultats suivants : d'abord entre la date de la commande et celle de la livraison s'écoule un laps de temps considérable, six mois en moyenne ; inutile d'insister sur les inconvénients d'un tel retard ; d'autre part, chaque année, on constate pour une somme importante de marchandises avariées ou perdues ; enfin il faut tenir compte des frais de transport, bref, ce service qui en Angleterre, où il est complètement décentralisé revient à une commission de 1 o/o sur les factures, nous coûte en proportion 6 o/o.

Mais la centralisation coloniale a d'autres effets encore plus néfastes. La centralisation départementale, elle, se justifie par l'harmonie et la communauté de besoins qui unit les diverses régions par leur même degré de civilisation et surtout la similitude des mœurs et des habitudes ; une telle centralisation ne présente que des avantages : elle assure une administration habile, aux vues d'ensemble et une économie de rouages inutiles. Pour les colonies, les unes sont des îlots, les autres des continents ; celles-ci sont peuplées de races noires, fétichistes ou musulmanes, ignorantes, mal outillées ; celles-là de races jaunes, boudhiques ou même athées, de civilisation antique et comme usée ; telle colonie ne connaît que le commerce, telle autre que l'agriculture ; enfin et surtout, les unes sont colonies de pleuplement, les autres, colonies d'exploitation.

Il est facile de prévoir qu'un service centralisé s'adaptera mal dans des colonies offrant entr'elles tant de contrastes et si la justice par exemple est organisée en service de souveraineté, les peuplades primitives risquent fort d'être jugées d'après une procédure trop compliquée pour elles.

Si d'ailleurs nous tenons à constater que le service de souveraineté remplit plus ou moins bien son but, c'est qu'à cause de cela il est toujours très coûteux : la colonie de Saint-Pierre et Miquelon est grande comme un canton ; elle a un gouverneur et un secrétraire général ayant chacun leurs bureaux comme telle autre colonie, quatre fois plus grande ! Autre exemple : En 1899 à la Martinique, la Cour d'appel coûtait à la métropole 150.000 fr. or cette Cour ne jugeait qu'une moyenne de 130 à 150 affaires par an : ainsi donc chaque jugement revenait environ à 1 000 fr. !

Est-il besoin d'ajouter que si la justice avait eu une organisation locale à la Martinique elle n'aurait pas été établie d'une façon aussi coûteuse.

Maintenant, envisagées à un point de vue plus strictement budgétaire, les subventions présentent encore sur les dépenses de services de grands avantages. Il faut d'abord reconnaître à la subvention cette qualité estimable en matière financière : la clarté.

Les dépenses de souveraineté étant des charges imposées à la métropole, il est précieux — et cela n'est possible qu'avec les subventions — de pouvoir mettre en évidence le point important, c'est-à-dire la situation de telle colonie vis-à-vis de la métropole ; en un mot, il est utile de savoir que telle colonie nous coûte gros quand telle autre ne nous coûte rien.

Puis, à cause même de sa clarté la subvention ne peut servir d'asile aux exagérations : on hésitera à demander pour une colonie une trop forte subvention globale ; mais en face d'une dépense de service dont le chiffre total représente les frais de ce service pour toutes les colonies, les pouvoirs locaux pourront avoir la pensée d'exagérer cette dépense dans la colonie car elle pourra presque passer inaperçue.

Bien plus les subventions permettent — parce que remises en question chaque année — des réductions progressives. Pour employer une comparaison juridique, c'est à la colonie à fournir la preuve de la subvention qu'elle réclame. D'une année à l'autre, la subvention peut disparaître, en tous cas, on saisira la moindre occasion, le moindre motif pour la rogner si peu que ce soit.

Les dépenses de services au contraire, avec leur caractère permanent, voient apparaître presque invariablement chaque année les mêmes crédits. C'est, pratiquement, pour reprendre notre comparaison, à ceux qui veulent porter atteinte aux crédits ordinaires à faire la preuve.

Le rapporteur du budget de 1901 a prononcé ces paroles qui auraient pu être placées en tête de cette étude comme évoquant une idée directrice :

« L'élasticité, telle doit être la qualité maîtresse qu'il faut assurer au budget central des colonies ».

Les subventions assurent cette élasticité sans laquelle le gaspillage est pour ainsi dire inévitable. Le gaspillage, d'ailleurs est peut-être plus malaisé à réprimer pour les services coloniaux que pour tout autre service public. D'abord la distance qui sépare les colonies de la métropole empêche plus qu'ailleurs le contrôle financier — partout si difficile à s'exercer utilement — de fonctionner avec efficacité. Il faut d'ailleurs remarquer que les dépenses de souveraineté, si elles profitent à la colonie, sont payées par la métropole. Or, fait caractéristique, du jour où en France certaines dépenses de souveraineté ont été supprimées pour être inscrites au budget local, une chasse sérieuse et sincère a commencé contre les dépenses superflues. Sous ce rapport, le projet de budget de 1901 présente des passages caractéristiques comme celui-ci :

« Une étude un peu précise du budget de la Guyane conduit à admettre la possibilité d'une économie de 300.000 fr. ». On découvre par exemple que le personnel du gouvernement comprend 32 personnes et coûte 145.000 fr. ; en ajoutant les frais de bureau et de matériel on aboutit à un total de 200.000 fr., c'est-à-dire plus de 10 fr. par habitant, etc.

Ainsi donc toutes les considérations dont les subventions ont fait l'objet ont abouti à la même conclusion : « économie » mot magique s'il en fut en matière financière et qui nous fait sans hésiter préférer le système autonome, du moins en ce qui concerne la composition des dépenses de souveraineté, au système d'assimilation.

Remarquons enfin qu'il ne faudrait pas trop croire que cette économie qui résulte de l'emploi de la subvention n'intéresse que la seule métropole ; qu'importe aux colonies, dit-on, puisque ce ne sont pas elles qui paient ! Bien plus leur intérêt est du côté des dépenses de services puisque toute dépense coloniale considérée comme dépense de service de souveraineté, si elle accroît les charges de la métropole soulage d'autant le budget local où sans cela elle apparaîtrait. C'est fort juste.

Cependant on peut dire que les colonies elles-mêmes ont tout à gagner avec le système où toute l'importance est accordée aux subventions, car la métropole qui a des charges coloniales écrasantes finit tôt ou tard par se retourner vers la colonie. Ainsi, dans l'assimilation, système où les charges coloniales de la métropole sont lourdes existe la solidarité financière ; solidarité qui peut devenir très onéreuse pour la colonie.

5. Possibilité de contrôle avec l'autonomie.

Au point de vue organisation financière, les avantages du système autonome paraissent indiscutables, mais on peut envisager la question sous un autre aspect.

Quelle est la valeur de ce système au point de vue du droit budgétaire, des droits de tutelle et de contrôle de la métropole ? Ne semble-t-il pas que les dépenses de services prennent ici leur revanche ? Certes, dira-t-on, les dépenses de services coûtent plus cher mais elles assurent bien mieux la souveraineté de la métropole sur la colonie.

On sait l'importance extrême du droit budgétaire, c'est l'attribut indispensable de la souveraineté ; or l'autonomie budgétaire, dotant la colonie d'un budget complet, lui permettra — puisque la subvention est un secours global n'empiétant sur aucun service, — de se détacher plus facilement de la métropole.

D'autre part, le fait que tel service colonial est géré par la métropole maintiendra la colonie dans une tutelle des plus efficaces. On aboutit donc à l'objection suivante : sans doute le système autonome est financièrement supérieur au système d'assimilation, mais à quoi bon faire des économies sur les dépenses coloniales si l'on aboutit au bout d'un temps plus ou moins long à la perte de la colonie ?

M. Marcel Dubois dans ses « systèmes coloniaux » s'appuie surtout sur cet argument pour montrer la supériorité des colonies françaises sur les colonies anglaises qui, dit-il, sont toujours prêtes à se séparer de la métropole. C'est qu'en effet les colonies, avec leur profond égoïsme, ont toujours des tendances séparatistes, tendances qui, pour être réprimées, demandent des liens plus forts que ceux que crée, l'autonomie.

M. Boutmy (1) dans un article sur l'impérialisme anglais écrit : « Ce qu'il y a de remarquable c'est d'une part le cynisme et l'acerbité du conflit entre colonies et leur incapacité de concevoir une autre règle que leur intérêt personnel ».

Chaque fois par exemple qu'une colonie en a eu le loisir, elle s'est toujours empressée de taxer aussi impitoyablement les produits venus de la métropole que ceux venus de l'étranger.

Après le 4 juillet 1866 les colonies françaises s'empressèrent de supprimer les droits de douanes qui ne frappaient pas les produits métropolitains pour les remplacer par l'octroi de mers qui porte sur tout objet importé, sans distinction d'origine. C'est parce que l'Angleterre a suivi une politique d'auto-

1. *Annales de l'Ecole des Sciences politiques*, année 1900.

nomie que certains publicistes anglais ont pu lui demander de faire l'abandon de ses colonies « qu'elle ne conserve, qu'à la condition de leur obéir ».

Nous répondrons brièvement d'abord par une contre attaque. En admettant, en effet, selon le mot de Turgot, que les colonies tendent naturellement à se détacher de la métropole, cela ne prouve pas que l'assimilation soit, sous ce rapport, préférable à l'autonomie ; au contraire, en faisant sentir d'une façon plus sensible à la colonie le poids du joug métropolitain, on l'incitera à se débarrasser de toute entrave. Le fruit, dit-on, tend à se détacher de l'arbre... mais si on secoue l'arbre, le fruit tombe plus vite.

M. de Lanessan qui a pour lui l'autorité de l'expérience va jusqu'à considérer le fait de l'indépendance coloniale comme une « loi fatale » et il ajoute, dans ses principes de colonisation : « Préoccupée avant « tout de ses intérêts particuliers, la métropole « impose à ses colonies des obligations qui lèsent « leur intérêt, blessent les colons et finissent par « provoquer la rébellion et la proclamation de l'in- « dépendance ».

D'ailleurs, si la colonie, au bout d'un certain temps se sépare amicalement de la métropole, les avantages de la colonisation, par exemple les avantages commerciaux, subsisteront intégralement.

C'est le cas de citer la belle phrase de Chailley-

Bert : « L'important n'est pas d'avoir des colonies « qui languissent et un vaste état qui périclite, « c'est d'avoir semé ses idées dans le monde et « laissé des héritiers de son génie : la plus glorieuse « colonie de l'Angleterre, c'est encore les Etats-« Unis ».

Nous aboutissons donc à cette conclusion : la tutelle métropolitaine ne doit pas être excessive ; il reste encore à savoir si elle est possible et suffisante avec l'autonomie.

Il y a évidemment une certaine corrélation entre l'autonomie budgétaire c'est-à-dire le fait pour une colonie de subvenir à toutes ses dépenses normales, d'avoir un budget complet et indépendant et l'autonomie financière c'est-à-dire le droit pour la colonie d'organiser à sa guise ses dépenses et ses recettes.

La colonie qui possède l'autonomie budgétaire aspire logiquement à l'autonomie financière ; on aime à commander ce qu'on paie. Les colonies anglaises jouissant de l'autonomie budgétaire possèdent une autonomie financière supérieure à celle des colonies françaises chez lesquelles jusqu'à ce jour, le budget local par suite de l'assimilation n'est ni indépendant ni complet.

Dans un article sur les rapports financiers de la métropole et des colonies, M. Jacques (1) écrit :

1. *Annales des Sciences Politiques*, n° de juillet 1901, page 462.

« l'intervention de la métropole doit perdre de son « étendue à mesure que la colonie grandissante « pourvoit dans une plus large mesure à ses dépen- « ses ; aussitôt que les ressources locales couvrent « une dépense afférente à un service, l'organisation « de ce service doit être réglée par les autorités « locales ; et lorsqu'arrive le moment où la colonie « est assez développée pour faire face à toutes ses « dépenses, la métropole doit s'effacer pour ne plus « conserver qu'un droit d'homologation qui laisse « de côté tous les détails d'organisation pour ne « s'attacher qu'aux tendances générales et mainte- « nir la colonie s'il y a lieu dans une certaine con- « formité de vues et d'esprit avec la métropole ».

Cela est fort bien, mais celui qui a écrit ces lignes va peut-être trop loin lorsqu'ensuite il pose ce principe catégorique : « La liberté donnée aux colonies devra toujours être en proportion des charges qu'elle aura à supporter ».

Les deux autonomies budgétaire et financière ne sont pas inséparables du tout. En fait, elles fonctionnent souvent séparément ; l'originalité du budget d'un Etat ne se trouve pas modifiée quand le droit budgétaire passe des mains d'un monarque absolu dans celles des représentants de la nation, c'est-à-dire quand vient se joindre à l'autonomie budgétaire existante l'autonomie financière.

On comprend du reste que ces deux autonomies

puissent parfois ne pas marcher de front. En effet si un pays possède l'autonomie budgétaire, un budget complet, ce peut être une raison pour lui accorder l'autonomie financière, mais ce n'est ni la seule ni la plus importante : avant de permettre à une colonie de gérer ses finances comme elle l'entend on s'inquiétera logiquement de savoir si elle est capable de mener à bien une pareille tâche ; on tiendra compte du degré de civilisation, de l'éducation politique des habitants, etc.

Ainsi donc et c'est le point intéressant à constater — la colonie peut avoir un budget complet et indépendant sans être pour cela forcément investie du droit budgétaire.

La meilleure solution pratique consistera à doter d'abord la colonie de l'autonomie budgétaire car il est juste qu'on paie ce que l'on consomme, que ce soit plus ou moins volontairement. Quant à l'autonomie financière, on l'accordera progressivement et cela d'autant plus facilement qu'elle est susceptible d'être nuancée à l'infini : une colonie est loin de posséder le droit budgétaire le jour où elle possède une assemblée locale ; la liberté de cette dernière peut être encore entravée de maintes façons comme nous l'allons voir.

D'abord la métropole pourra doser en une certaine mesure l'esprit d'indépendance de l'assemblée en réglant sa composition. Une assemblée par exemple qui comprendra des fonctionnaires nommés et qui sera recrutée sur un mode électoral basé sur la représentation des intérêts sera moins indépendante qu'une assemblée ne comprenant que des élus issus du suffrage universel. A ce point de vue, les assemblées coloniales peuvent et doivent présenter les types les plus variés ; car, pour chaque colonie la question se pose et dans des conditions différentes, à savoir s'il faut faire intervenir et dans quelles proportions à côté de l'élément colon, l'élément fonctionnaire et l'élément indigène.

Nous avons eu en France à enregistrer de graves mécomptes pour avoir établi dans nos colonies des assemblées uniformes, sans nous soucier — précaution pourtant élémentaire — de leurs groupements ethnographiques.

Au contraire, la législation anglaise fournit sous ce rapport une organisation qu'on ne saurait trop admirer. D'abord, partout on trouve l'autonomie budgétaire, un budget complet et indépendant ; puis les colonies britanniques se divisent en 4 classes dans lesquelles la part de liberté financière est savamment réglée. On distingue :

1° Les colonies entièrement soumises au pouvoir du gouverneur : ce sont les colonies naissantes auxquelles la métropole accorde de larges subventions (1) ;

1. Basutoland, Gibraltar, Labuan, Ste-Hélène, Zululand.

2° Les colonies dans lesquelles le gouverneur est assisté d'un Conseil nommé par lui (1) ;

3° Les colonies dans lesquelles la moitié seule du Conseil est élue (2) ;

4° Enfin, les colonies possédant un Conseil entièrement élu, et dans lesquelles le gouverneur n'a qu'un droit de veto. Ces colonies ne reçoivent plus aucune subvention, même la métropole s'est dégagée de toute responsabilité financière (3).

Maintenant, l'élément local jouissant des prérogatives financières se compose, tantôt d'une chambre unique comme dans la Colombie anglaise, tantôt de deux chambres comme au Cap.

Quant aux systèmes électoraux, ils présentent aussi les formes les plus diverses : à la Guyane par exemple, on emploie le système des doubles listes tel qu'il était appliqué en France sous l'an VIII, etc.

Mais à côté de l'organisation des assemblées locales, la métropole intervient d'une façon beaucoup plus efficace par la réglementation des pouvoirs financiers de ces assemblées. Cette réglementation apporte des restrictions partielles à la toute-puis-

1. Nouvelle Guinée, Ceylan, Falkand, Fidji, Gambie, Trinité, Côte d'Or, Hong-kong, Lagos, La Grenade, Sainte-Lucie, Saint-Vincent, Seychelles, Sierra Leone, Turks Islands, Honduras britannique.

2. Guinée, Malte, Maurice, Barbade, Bermudes, Bahamas, Jamaïque, Loward Island, Chypre.

3. Canada, Cap, Australie, Terre-Neuve.

sance en matière financière des assemblées ; restrictions qui sont destinées précisément à assurer les droits de tutelle et de contrôle de la métropole et qui apparaissent même — ou plutôt surtout — lorsque l'assemblée est composée toute entière d'élus issus du suffrage universel.

D'abord il est évident qu'on ne peut permettre à un conseil colonial de faire échec même d'une façon détournée à une loi de la métropole. En matière de douanes, le cas s'est souvent présenté ; aussi la loi française de 1892 a-t-elle dû réserver à l'Etat le monopole des mesures douanières. Maintenant — frein assez efficace — dans certaines colonies anglaises les députés n'ont le droit d'amendement que pour proposer une diminution de dépenses : tout projet d'accroissement de charges ne peut émaner que du gouverneur (1).

Dans notre pays, autre mesure, les assemblées coloniales ne votent le budget local que par chapitre, la répartition par article est faite par le gouverneur en conseil privé.

Mais en France, les droits de la métropole sont surtout sauvegardés par le système dit « des dépenses obligatoires ». Le budget local, on le sait, se divise

1. L'article 33 § 2 de la loi de finance de 1900 a prescrit une disposition analogue sur la proposition de M. d'Agoult député. Dans les colonies d'Amérique et à la Réunion, les gouverneurs ont seuls l'initiative des propositions de dépenses.

en deux sortes de dépenses : dépenses obligatoires et dépenses facultatives.

Pour les dépenses obligatoires seules, le gouverneur a ce double pouvoir considérable d'y inscrire d'office la dépense si le conseil la négligeait, ou d'en élever les crédits si ceux-ci étaient insuffisants. Dans ce dernier cas, il arrive que l'équilibre du budget est naturellement rompu. Pour le rétablir, le gouverneur peut faire appel à un crédit obligatoire intitulé : « fonds de dépenses imprévues » et, si ce fonds est insuffisant, augmenter le tarif des taxes ou réduire les depenses facultatives.

Si l'on songe en outre que le gouverneur, en conseil privé, peut opérer parmi les dépenses obligatoires, des virements de chapitre à chapitre, on comprendra que pour ces dépenses qui comprennent toutes les dépenses importantes, la métropole soit assurée du contrôle le plus effectif.

Si effectif même, que la loi de finance de 1900 vient de le restreindre en ce sens que jusqu'alors, en vertu du décret du 20 novembre 1882, il suffisait d'un simple décret pour créer une dépense obligatoire et que maintenant pour les colonies d'Amérique le décret doit être rendu en Conseil d'Etat ; pour les autres, la loi énumère restrictivement les seules dépenses qui pourront être considérées comme obligatoires. On peut donc conclure, quoi qu'il en soit, que le système des dépenses obligatoires entre les mains de la métropole constitue une solide garantie qui lui évite d'ériger, et cela sans dommages, la plupart des services coloniaux importants en services de souveraineté.

Nous sommes arrivés à la fin de ce chapitre où nous avions à rechercher la détermination des dépenses de souveraineté. Nous avons essayé de montrer la supériorité de la composition des dépenses telle qu'elle apparaît dans le système autonome. Ce dernier peut se résumer en deux mots : « Parmi les dépenses de souveraineté, les subventions doivent être la règle, et les dépenses de services, l'exception ».

Il nous resterait encore à préciser la liste des dépenses de services. Les dépenses de services sont l'exception, soit ! mais, en maintes circonstances, n'a-t-on point constaté que l'exception était plus importante que la règle ?

Il semble plus logique de réserver ce point pour la seconde partie de cette étude, lors de l'examen du budget du Ministère des Colonies.

CHAPITRE III

PAIEMENT DES DÉPENSES DE SOUVERAINETÉ

6. Système de la solidarité financière. — 7. Système des dépenses de services de souveraineté remboursées. — 8. Système de la subvention-garantie. — 9. Système de la subvention gratuite.

Nous venons d'écarter le système de l'assimilation sur la question de composition des dépenses de souveraineté. Nous allons, dans ce chapitre, examiner le second point sur lequel l'assimilation et l'autonomie diffèrent.

Le système autonome, rappelons-le, admet en principe que la colonie n'est tenue à aucune obligation de solidarité. Dans l'assimilation, il y a solidarité financière entre l'Etat et la colonie ; de même que nous avons combattu les dépenses de services, nous allons critiquer le principe de solidarité financière.

6. Système de solidarité financière (les contingents).

Cette solidarité financière s'est surtout manifestée

en France par ce qu'on a appelé les contingents. Chaque colonie, selon son degré de prospérité, devait fournir annuellement à la métropole une sorte de tribut appelé contingent. Ce contingent — remarquons-le car c'est ce caractère qui en fait un système de solidarité — n'était pas évalué d'après les sommes que la colonie coûtait à la métropole : ce serait une restitution ; mais d'après la situation plus ou moins prospère de la colonie. Une colonie qui ne coûtait presque rien à la métropole pouvait payer un fort contingent et inversement (1).

Au premier abord ce système semble logique : la colonie qui a reçu l'aide des contribuables français doit les aider à son tour si elle devient riche. Les colonies, si éloignées qu'elles soient, sont toujours la France. Le colon français doit le service financier comme il doit le service militaire ; pour employer une expression de M. A. Girault « le Français des « colonies ne peut se soustraire aux obligations qui « sont la contre-partie des droits du citoyen ». Les

1. Voici par exemple les dépenses effectuées par la métropole en 1898 dans les deux colonies de la Cochinchine et du Sénégal, avec, en regard, les contingents fournis respectivement par ces deux colonies.

	Cochinchine	Sénégal
	—	—
Dépenses effectuées	3.064.741	6.047.678
Contingents.......	4 742.442	0.047.085

Le Sénégal coûtait donc 2 fois plus à la métropole et fournissait un contingent 100 fois moindre.

partisans de la solidarité financière ajoutent même qu'une colonie se sentira plus française si elle est liée à la métropole par la communauté des intérêts financiers.

Ce raisonnement qui théoriquement peut paraître un instant séduisant ne résiste pas à un examen pratique.

Un système de solidarité financière serait antinaturel, la colonie a trop de personnalité et même allons plus loin : trop d'égoïsme pour l'accepter. Loin de resserrer l'union de la métropole et de la colonie, la solidarité financière hâterait inévitablement la rupture. Les départements sont très unis, ils versent la plus grande partie de leurs recettes dans le coffre de l'Etat pour alimenter le budget général, ils forment presque une association mutuelle puisqu'il existe au budget un crédit intitulé « subventions aux départements pauvres », malgré tout cela les départements ont une tendance égoïstique très marquée.

Ainsi, l'institution à propos des routes départementales des « fonds communs » créée par la loi du 11 frimaire an VII nous en fournit un exemple curieux. Le fonds commun qui était alimenté par un même nombre de centimes additionnels prélevé dans tous les départements était réparti proportionnellement entre les départements qui ne pouvaient assumer entièrement les charges de leur voirie. Il s'agissait donc là d'une véritable association mutuelle puisque ce fond allait aux départements pauvres et qu'il était surtout constitué par les départements riches chez qui le centime produisait davantage.

On vit alors les départements riches faire entendre les plus énergiques protestations et employer tous les stratagèmes possibles pour éviter de venir en aide aux départements pauvres. Ils s'empressèrent de transformer leurs chemins vicinaux en routes départementales afin de pouvoir, eux aussi, participer aux distributions du fonds commun et récupérer ainsi une part des 7 centimes versés.

Enfin en 1886 le fonds commun fut supprimé.

Cet égoïsme financier, puissant et instinctif, existe à plus forte raison pour les colonies. Nous avons déjà eu l'occasion de le constater (1).

Aussi en France, on le verra bientôt, a-t-on pendant longtemps reculé devant l'application intégrale du système de la solidarité et les sénatus-consulte du second empire avaient établi un maximum aux contingents possibles. D'ailleurs quelles que soient les précautions prises, ce système ne donne jamais de bons résultats. Tant qu'ils ont existé, bien que les contingents aient été fixés par la métropole, leur montant est resté dérisoire comparé aux dépenses de souveraineté : cela prouve que le système de la solidarité

1. Voir page 22.

est pratiquement inapplicable ; d'autant plus qu'il y aura forcément entre les colonies des différences de traitement que ne justifieront pas suffisamment les nécessités matérielles ; les colonies donneront trop à la métropole ou elles ne donneront pas assez et la fixation des contingents sera toujours arbitraire.

Le seul lien financier entre métropole et colonies qui soit légitime c'est celui que créent les subventions ; il est légitime que dans les situations critiques la colonie puisse compter sur la métropole, c'est là un devoir de souveraineté sur lequel nous aurons à revenir plus tard mais qui, pour nous, est indiscutable, au moins tant que la colonie est en voie de formation.

Outre cette aide accidentelle et très restreinte qui suffit à prévenir la banqueroute de la colonie, métropole et colonie doivent avoir des finances distinctes. Cela a d'heureuses conséquences et pour la colonie et pour la métropole.

En effet, si la colonie subvient seule à ses dépenses on évitera, si le pays offre peu de ressources, de faire des frais considérables ; frais exagérés par rapport aux profits futurs de la colonie ; par contre, si le pays est naturellement riche on profitera des excédents de recettes pour y commencer de grands travaux publics au lieu d'en faire profiter la métropole sous forme de contingents.

Remarquons à ce sujet que l'institution des contingents semble être en certaine contradiction avec cette autre institution fort sage de la caisse de réserve instituée dans chaque colonie (1). La colonie, sachant que ses économies n'iront grossir sa caisse de réserve qu'après avoir soldé le contingent, préférera dépenser tous ses revenus.

Pour toutes ces raisons que nous n'avons point appuyées d'exemples — car nous les trouverons nombreux et suggestifs dans l'étude de l'historique français — nous rejetterons le système de solidarité financière et par suite, — d'une façon définitive cette fois — le système de l'assimilation.

7. Système des dépenses de services de souveraineté remboursées.

L'adoption du système autonome règle ainsi les dépenses de souveraineté au sujet des recettes correspondantes : la dépense de souveraineté n'entraîne aucune obligation réciproque de la part de la colonie, elle constitue une charge exclusivement métropolitaine.

Mais avant de considérer cette déclaration comme définitive, il nous faut envisager une objection qui se pose. Ce que nous avons dit jusqu'ici nous permet seulement de penser qu'il ne faut pas de solidarité

1. Institution créée par le décret du 26 septembre 1855.

financière mais cela n'implique pas forcément que la métropole doive faire don aux colonies des sommes déboursées pour elles.

Entre la théorie de la solidarité et la théorie du don gratuit, il y a place pour une troisième, celle des dépenses de souveraineté remboursables.

Il semble en effet naturel que les dépenses de souveraineté, étant des dépenses coloniales soient payées par les colonies. Maintenant il faut distinguer à ce sujet les subventions et les dépenses de services : les subventions étant des avances faites à la colonie qui ne peut équilibrer son budget ne seront remboursables qu'ultérieurement ; quant aux dépenses de services, elles seraient portées à la charge immédiate de la colonie. Qu'importe, dit-on, que tel service soit géré par la métropole ou la colonie, du moment que ce sont toujours les colonies qui en profitent !

M. Girault prétend que les colonies doivent subvenir à toute les dépenses coloniales. « Si la colonie dit-il, était un Etat indépendant, ces services (les services de souveraineté) devraient être pourvus car ils sont indispensables ; dès lors, puisque la colonie forme une personnalité distincte, qu'elle subvienne à tous les services nécessaires à son existence ».

Pour pouvoir trancher la question et savoir si réellement les dépenses de services de souveraineté doivent être à la charge de la métropole ou de la colonie, il faut distinguer entre diverses catégories de ces services et pour plus de commodité nous renvoyons (1) au moment où nous étudierons le détail du budget colonial français. Disons dès maintenant que la solution adoptée sera la suivante : les dépenses de services de souveraineté incombent à la métropole, et nous justifierons provisoirement cette conception par cette simple remarque : la gratuité des subventions est plus difficile à établir que la gratuité des dépenses de services (en effet les subventions viennent en aide à des services gérés par la colonie elle-même et non par la métropole). Or en dernière analyse, nous rejetterons le système de la subvention simple avance. A plus forte raison donc, les services que la métropole administre à son gré doivent-ils légitimement lui incomber ; ne serait-ce qu'en vertu du principe qui dit « on n'administre bien que ce qu'on paye ».

8. Système de la subvention-garantie.

Ainsi la où la question de savoir si la colonie ne doit pas rembourser se pose avec le plus de force, c'est au sujet des subventions. En effet, ici l'intérêt direct de la colonie apparaît nettement, les subventions sont des sommes que la colonie emploie

1. Voir 2e partie, chap. II.

elle-même, en toute équité elle doit les rembourser tôt ou tard. Pourquoi mettre à la charge d'un pays des dépenses qui sont au profit d'un autre? Est-ce que la métropole ne s'est pas formée toute seule, sans le secours de personne ?

Il faut assimiler les subventions coloniales aux avances faites par « les services spéciaux du Trésor ». La situation de ces services — on sait que c'est là leur caractéristique — n'est que provisoire ; s'ils s'alimentent directement au Trésor, c'est parce qu'ils sont susceptibles de recettes ultérieures qui, avec le temps, rembourseront les avances. La subvention est absolument dans ce cas ; plus tard, lors de son complet développement, la colonie pourra solder ses dépenses arriérées.

Pourquoi ne pas assimiler la subvention à ce service spécial du Trésor créé en 1855 et intitulé : « garanties d'intérêt aux compagnies de chemin de fer » (1).

En France, l'Etat pour empêcher que l'entreprise des chemins de fer ne périclite, prête aux compagnies l'appui de son crédit. L'Etat, dans le cas où les bénéfices seraient insuffisants, s'engage à

1. Il n'y aurait même vraiment pas besoin d'innover beaucoup : on voit en effet figurer actuellement parmi les services spéciaux du Trésor, des « avances faites par l'Etat aux budgets locaux des colonies ». On n'aurait simplement qu'à grossir ce chapitre.

avancer les sommes capables d'assurer au capital engagé une rémunération normale. Il s'agit là d'une simple avance rapportant intérêt et qui sera remboursée à moins que les affaires aillent mal. Or, on peut considérer l'établissement de colonies comme une opération économique similaire, au point de vue national, à celle des chemins de fer ; toutes deux ont pour but la création ou l'accroissement des débouchés et l'identité de méthode s'impose. La métropole, en avançant des subventions aux conditions les plus avantageuses si l'on veut, aide d'une façon très efficace ses possessions d'outre-mer, et le risque qu'elle court d'en être pour ses frais si la colonie périclite satisfait suffisamment à ses devoirs de souveraineté. Puis, la subvention simple-avance a encore cet avantage que la colonie sachant qu'elle devra plus tard rembourser la subvention aura intérêt à y avoir recours le moins possible et n'aura point la tentation de se lancer dans des dépenses exagérées.

Il semble donc qu'on doive adopter la solution suivante : « Les subventions ne sont que des avances faites à la colonie par la métropole ». C'est d'ailleurs le système qui est adopté par l'Angleterre où les subventions accordées ont le caractère de véritables prêts.

9. Système de la subvention, don gratuit.

Quoi qu'on en dise, il faut cependant s'en tenir au système de la « subvention, don gratuit ».

Car la subvention, dans les débuts de formation de la colonie, au moment où elle apparaît surtout, a pour but de hâter son évolution civilisatrice et de permettre à la métropole de tirer de sa colonie un profit considérable.

Puis, dans la plupart des cas, la colonie aurait pu fort bien se passer de subvention, elle aurait seulement progressé plus lentement ; il semble juste alors que la métropole accorde gratuitement ses subventions, surtout répétons-le, que le profit de la colonisation est inappréciable. Stuart Mill écrit : « L'Angleterre ne retire de ses colonies que le prestige qu'elles lui donnent ». La meilleure réponse à faire, c'est un résumé — un simple résumé — des principaux profits de la colonisation.

A maintes reprises nous avons déjà signalé l'avantage commercial des colonies, cet accroissement prodigieux des débouchés puisque la colonie donne habituellement des produits agricoles ou des matières premières alors que les pays d'Europe produisent à profusion des objets industriels.

Sans doute cet avantage ne profite pas exclusivement à la métropole mais il lui profite surtout. Sans avoir besoin d'organiser un « pacte colonial » on peut dire que la colonie commerce naturellement et surtout avec la métropole (1).

Ses relations avec cette dernière sont plus sûres et plus favorisées qu'avec tout autre pays ; en un mot, le commerce de métropole à colonie se rapproche davantage du commerce intérieur que du commerce extérieur.

L'avantage commercial n'est pas le seul : les colonies permettent à une des classes les plus intéressantes d'un pays, à celle qui parfois a le plus de peine à vivre, la classe libérale, d'exercer son activité dans des emplois nouveaux où elle rend les plus grands services.

Ne faut-il pas non plus considérer l'admirable fructification de capitaux due à l'exploitation des contrées neuves et le profit pour un pays riche, — comme c'est le cas pour la France — de n'être point obligé de placer son épargne à l'étranger, où souvent il subit des vexations ?

Bref, en toute justice, un Etat peut faire à sa colonie don des subventions qu'il lui accorde au début de sa création.

1. Dans des conférences tenues à Londres, lors du Jubilé de la Reine, on démontra, statistiques en mains, la tendance pour chaque peuple à se suffire à lui-même, grâce à ses colonies. M. Etienne député a déclaré à la Chambre (décembre 1899) que nos colonies faisaient annuellement 800 millions d'affaires avec la métropole et seulement 300 millions avec le reste du monde.

Mais il est d'autres raisons ; les partisans de la subvention-avance font remarquer que l'obligation d'avoir à rembourser plus tard est un frein salutaire qui empêche les colonies d'en abuser. Il est d'abord facile de répondre à cet argument en faisant remarquer que la subvention dépend absolument de la métropole qui ne l'accordera qu'après un examen sérieux de son utilité.

Sans compter que la subvention-avance assimile la subvention à un simple emprunt, or celle-là a peut-être un autre rôle à jouer que celui-ci ; dans le système de la subvention gratuite la colonie aura recours à l'emprunt s'il y a lieu mais elle aura eu auparavant — et il est des cas où cela aura une grande utilité — possibilité de solliciter une subvention gratuite.

Bien plus, si la métropole ne faisait point abandon de ses subventions à la colonie, il pourrait en résulter de graves conséquences. Nous avons déjà fait allusion au mot fameux de Turgot : « les colonies sont comme les fruits qui se détachent de l'arbre lorsqu'ils sont mûrs ». La liquidation des subventions aurait lieu justement au moment où la colonie atteindrait son complet épanouissement ; à cette époque, les charges du passé lui pèseraient singulièrement et le lien qui l'unit à la métropole étant bien fragile, une rupture violente serait à craindre.

M. P. Leroy-Beaulieu a dit :

« Il est excessivement rare qu'une colonie four-
« nisse un revenu net à la mère-patrie ; dans l'état
« d'enfance, elle ne peut pas, dans l'état adulte,
« elle ne veut pas ».

Nous ne pourrions ici, comme pour le chapitre précédent, citer en terminant l'exemple de l'Angleterre puisque cette dernière a adopté le système d'ailleurs très défendable de la subvention, simple avance. Toutefois l'Angleterre peut servir de modèle en ce qui touche la méthode suivie dans la distribution des subventions. L'Angleterre, avec raison, n'accorde des subventions qu'aux jeunes colonies ; les colonies arrivées à maturité sont dites « colonies responsables, elles n'ont plus à compter sur aucun secours de la métropole, elles sont en un mot entièrement « responsables de leurs finances ».

M. Noufflart (1), dans une étude sur les colonies anglaises de la Côte d'Afrique conclue en ces termes :

« Nous avons vu, en passant en revue les diffé-
« rentes sources de revenus des colonies anglaises
« de la Côte d'Afrique, que les subventions de la
« métropole n'apparaissent que dans leurs débuts,
« en quelque sorte comme frais de premier établis-
« sement, diminuant jusqu'à extinction à mesure
« que la colonie grandit et se développe ».

1. *Annales des Sciences politiques*, année 1899.

La première partie est terminée ; on aboutit en somme aux deux constatations suivantes :

1° Il y a deux systèmes bien tranchés de dépenses de souveraineté :

Système d'autonomie	Système d'assimilation
A. Dépenses de services rares laissant le budget local complet.	A. Dépenses de services nombreuses, laissant le budget local incomplet.
B. Séparation complète des budgets local et colonial, rien que responsabilité de la métropole réalisée par les subventions.	B. Solidarité étroite et réciproque entre les finances métropolitaines et locales.

2° Le système d'autonomie semble le meilleur.

La seconde partie va confirmer et compléter ces conclusions.

L'étude critique, dans l'historique, des différents systèmes de dépenses de souveraineté qui ont été appliqués en France et qu'on peut ranger sous l'une des deux étiquettes, autonomie ou assimilation, vient confirmer l'opinion que le système autonome est le meilleur.

En second lieu, l'examen du budget du ministère des colonies permettra de nous rendre compte d'une façon plus complète de l'organisation d'un système autonome.

DEUXIÈME PARTIE

La législation française des dépenses de souveraineté.

CHAPITRE PREMIER

L'HISTORIQUE

10. Première période : 1825-1854. — 11. Deuxième période : 1854-1880. — 12. Troisième période : 1880-1893. — 13. Quatrième période : 1893-1901.

L'étude du système financier des colonies françaises au point de vue des dépenses de souveraineté, commence à une époque récente ; à la Restauration.

Auparavant, la question des dépenses de souveraineté ne se posait pas. Sous l'ancien régime l'assujettissement était de règle. La Révolution, au milieu de ses troubles, n'eut pas le temps d'appliquer la législation coloniale qu'elle avait échafaudée de toutes pièces. Napoléon Ier enfin, absorbé par ses guerres continentales, ayant vu dès le début la flotte française détruite par les Anglais ne s'occupa guère des colonies, partant, de finances coloniales. En 1815 d'ailleurs, lorsque les traités nous eurent rendu une partie de nos colonies, la constitution coloniale qui nous manquait ne fut point immédiatement créée ; la charte nous en promettait bien une mais l'ordonnance de 1819 se borna à ressusciter le système de l'ancien régime. C'est la date de 1825 qui marque le commencement d'une période nouvelle.

Nous diviserons ce chapitre en 4 parties : l'une qui va de 1825 à 1854, la 2e de 1854 à 1880, la 3e de 1880 à 1893, la dernière de 1893 à 1901.

10. Première période : 1825 à 1854.

A vrai dire, cette période se subdivise en deux autres tout à fait distinctes : l'une, caractérisée par un système d'autonomie absolue ; l'autre, par un système d'assimilation non moins tranché.

A. Charte coloniale. — Le 1er système, système autonome, qui reçut le nom de charte coloniale est constitué par les ordonnances des 26 janvier et 17 août 1825, combinées avec la loi de finances du 13 juin 1825, le tout confirmé par la fameuse ordonnance de M. de Villèle le 24 avril 1833.

D'après ce système, le budget local comprend toutes les recettes et toutes les dépenses de la colonie ; l'Etat n'a à sa charge que les subventions éventuelles et les dépenses de guerre et de marine qu'il se réserve. Dès le début donc, on employait la méthode à laquelle nous nous sommes arrêté, la méthode d'autonomie, caractérisée par le minimum de dépenses coloniales à la charge de l'Etat et la séparation complète des finances métropolitaines et des finances coloniales. Malheureusement ce système, excellent en théorie, reçut dans la pratique une mauvaise exécution, ce qui amena par réaction, un système diamétralement opposé. La raison ? c'est que l'organisation de l'exercice du droit budgétaire était défectueux. L'Etat, avons-nous vu, qui accorde l'autonomie budgétaire à la colonie ne doit pas pour cela se dessaisir de ses droits de tutelle et de contrôle ; or, en l'occurrence, le droit budgétaire — que nous avons bien distingué de l'autonomie budgétaire — fut laissé aux mains des conseils coloniaux qui en abusèrent.

Est-ce à dire qu'à ce sujet la charte coloniale n'ait pris aucune précaution ? Non, elle avait même créé une classe de dépenses, assez semblables à celle des dépenses obligatoires.

Pour trois chefs de dépenses :

Traitement du gouverneur ;

Personnel de la justice et des douanes ;

Tarif des douanes.

Le droit budgétaire appartenait au gouverneur et les conseils coloniaux n'avaient le droit que de formuler des avis. Cependant les pouvoirs des assemblées coloniales étaient par trop étendus, la loi de

1833 avait été jusqu'à leur accorder de régler par des décrets coloniaux tout ce qui ne rentrait pas dans le domaine de la loi ou des ordonnances. Composés de gros propriétaires élus du suffrage censitaire, les conseils coloniaux prétendirent administrer la colonie à leur guise, allant jusqu'à déclarer inconstitutionnelles les ordonnances royales rendues en vertu de la loi de 1833. Affranchis de tout frein, rejetant tout contrôle, ils se mirent à gaspiller sans mesure les finances coloniales : « Malgré « les résistances des gouverneurs, dit M. Lacrosse « dans un rapport à la chambre des Députés, ils « votent des sommes considérables destinées à des « dépenses secrètes condamnées par les chambres... « En peu de temps la caisse de réserve de la Marti- « nique a été épuisée, celles de la Guadeloupe de « Bourbon décroissent rapidement... Enfin les sub- « ventions allouées par les chambres sont des cau- « ses de conflits par la prétention des conseils qui « ont voulu en régler la quotité et l'emploi ».

Crédits pour les dépenses de personnel refusés, subventions exagérées à la presse périodique, tarifs des impôts diminués d'une façon notable, d'où déficit considérable que les subventions métropolitaines devaient combler, etc., etc. (1), tels sont les

1. Le service des subventions métropolitaines était d'ailleurs mal organisé ; les subventions étaient votées en bloc, à charge par l'administration de la marine de les répartir.

principaux griefs que l'on trouve énumérés dans le célèbre exposé de motifs de la loi de 1841 proposé par l'amiral Duperré. « L'autonomie disait-on « alors, a eu pour résultat de permettre aux assem- « blées coloniales de gaspiller leurs ressources au « grand détriment de la métropole obligée de four- « nir d'importantes subventions, abandonnons ce « système ». Et, sans songer à faire une distinction entre l'autonomie administrative et l'autonomie purement financière, on adopta un système d'assimilation absolue.

B. Système de la Révolution. — La loi de 1841 inaugure une série d'organisations financières qui vont se poursuivre jusqu'en 1899 et qui ont toutes pour principe « l'assimilation » ; aussi, avant d'examiner le texte de cette loi, il peut sembler utile de dire un mot en guise de préface, du système d'assimilation conçu dans la période intermédiaire. Il est impossible de pousser plus loin que la Convention (1). la conception d'assimilation financière. A cette époque, la personnalité du département n'existe pour ainsi dire pas et l'on hésite à donner le

1. La Constituante avait bien, elle aussi, établi le principe de l'assimilation, mais elle avait reculé devant l'application. Le décret des 8-10 mars 1790 déclarait que la constitution métropolitaine ne s'appliquait pas aux colonies ; celles-ci devaient être dans la suite consultées sur la législation qui leur conviendrait le mieux.

nom de dépenses de souveraineté aux dépenses coloniales à la charge de l'Etat, car elles comprennent presque toutes les dépenses coloniales. En effet, ce qu'on peut appeler le budget local ne comprend, sous la Constitution du 12 nivôse an VI, que certaines dépenses locales : le mot « local » étant pris dans son sens le plus restreint ; pour préciser les dépenses intéressant seulement le canton ou la commune, (1) dépenses auxquelles il est spécialement pourvu par des centimes additionnels.

Toutes les autres dépenses désignées d'ailleurs dans le texte par une appellation très générale « dépenses publiques » rentrent dans le budget métropolitain : en effet c'est à l'Etat qu'incombe leur paiement sans que pour cela il y ait spécialisation des recettes que l'Etat touche aux colonies (recettes provenant des mêmes impôts que ceux établis en France). L'article 52 dit bien — mais c'est un simple moyen de trésorerie — que l'Agence (aujourd'hui nous dirions le trésorier général) pourra affecter aux dépenses de la colonie les recettes qui y ont été

1. L'article 53 s'exprime ainsi : « Chaque agence sera tenue de distinguer les dépenses publiques des dépenses locales et autorisera les administrations *cantonales et municipales* à répartir à raison de leurs besoins et à percevoir des centimes additionnels au principal des contributions directes pour l'acquittement des dépenses locales, qui sous aucun prétexte, ne pourront être acquittées sur les produits affectés aux dépenses publiques ».

perçues, mais il ne s'agit pas là de spécialisation véritable et les termes « provisoirement, dépenses courantes, crédit toujours ouvert à la caisse nationale (1) » ne laissent aucun doute à ce sujet.

Nous nous trouvons donc en face du système-type de l'assimilation financière et les deux caractéristiques de ce système s'y trouvent très accusés.

D'abord, multiplication des dépenses de services de souveraineté puisque les dépenses coloniales de canton ou de commune seules n'en font pas partie.

Puis solidarité étroite de finances coloniales et métropolitaines, puisque métropole et colonie paient l'une pour l'autre sans compter : la métropole en effet, solde les depenses effectuées aux colonies et la colonie paie à l'Etat le même impôt que le Français d'Europe.

Ce système d'assimilation absolue est rare car le plus souvent on a toujours hésité à admettre l'assimilation financière avec toutes ses conséquences. La plupart des systèmes organisés admettent d'inharmonieuses restrictions.

1. L'article 52 s'exprime ainsi : Le montant du produit en principal, des contributions directes et indirectes et du revenu des domaines nationaux dans chaque colonie est affecté *provisoirement* à ses dépenses *courantes*. Le Directoire exécutif pourra en outre ouvrir à chacune des Agences un crédit sur la Trésorerie nationale, lequel sera imputé sur celui ouvert au Ministère de la marine pour la dépense des colonies.

Cependant le système de 1841, le premier système d'assimilation qui ait été sérieusement appliqué, est des plus logiques et se rapproche beaucoup de l'organisation de la Révolution.

C. Loi de 1841. — L'article 1er de la loi de 1841 s'exprime ainsi : « Les recettes et dépenses des « colonies de la Martinique, de la Guadeloupe, « de la Guyanne française et de Bourbon font par- « tie des recettes et dépenses de l'Etat et sont sou- « mises aux règles de la comptabilité générale du « royaume. Les recettes et dépenses affectées au « service général sont arrêtées définitivement par « la loi du budget ; les recettes et dépenses affec- « tées au service intérieur continuent à être votées « par les conseils coloniaux ».

Ainsi donc assimilation complète aux départements français ; les dépenses d'ordre général rentrent dans le budget métropolitain et les dépenses d'ordre local rentrent dans les attributions des conseils, absolument comme pour les départements (1).

La seule différence avec la constitution de l'an VI c'est que les dépenses de services de souveraineté sont moins nombreuses et que les recettes coloniales sont formées d'impôts originaux au lieu de centimes additionnels.

1. De même que les budgets départementaux, les budgets locaux apparaissent au budget de l'Etat dans la catégorie intitulée : « budgets sur ressources spéciales ».

Cette organisation se rapproche du système employé par la métropole en Allemagne où le budget général s'est réservé les impôts indirects, laissant les directs aux budgets provinciaux.

D'après la loi de 1841, les recettes et dépenses de l'Etat aux colonies sont les suivantes :

Dépenses. 1° *Dépenses militaires.*

1. Troupes. — 2. Commissariat. — 3. Inspection de marine.

2° *Dépenses civiles.*

1. Entretien du gouvernement. — 2. Entretien des services civils et financiers. — 3. Cultes. — 4. Justice. — 5. Travaux publics. — 6 Instruction. — 7. Hôpitaux. — 8. Soldes et accessoires. — 9. Dépenses d'intérêt commun à plusieurs colonies.

Recettes

1. Enregistrement. — 2. Timbre, greffe. — 3. Douanes. — 4. Ports et navigation.

De cette façon on avait enlevé aux Conseils coloniaux les services les plus importants qu'ils négligeaient et la métropole n'avait pas à supporter des charges trop lourdes puisqu'elle touchait des recettes coloniales.

Ce système en fait ne donna pas de trop mauvais résultats. Les premières années, les impôts perçus par l'Etat atteignaient six millions et suffisaient aux dépenses ; cependant dès 1849 dans les 4 grandes colonies les recettes de l'Etat n'étaient que de 1.557.720 fr. tandis que les dépenses correspondantes s'élevaient à 5.599.000.

Si on envisage ensuite la question au point de vue théorique, ce système est tout à fait critiquable : c'est d'abord un système d'assimilation, mais nous ne développerons pas ce point maintenant, le réservant pour un autre système d'assimilation que nous allons rencontrer bientôt.

Le système de 1841 n'est pas seulement un système d'assimilation, c'est un mauvais système d'assimilation, la ressemblance avec le département y est exagérée. Ce qu'il faut blâmer, c'est cette perception directe d'impôts coloniaux par l'Etat. Cela est si vrai, qu'en 1848, une commission coloniale, bien qu'imbue des idées les plus assimilatrices, combattit le système de 1841 et proposa de substituer à cette perception directe d'impôts coloniaux par l'Etat, le système qui devait plus tard être adopté : un système de contingents imposés à la colonie, ce qui laisse à celle-ci plus de liberté (1).

Le vice fondamental d'un tel système peut se formuler ainsi : enlever à la colonie un partie de ses

1. Les projets de cette commission ne furent jamais appliqués.

impôts — en la circonstance, la meilleure partie — c'est tuer son crédit.

Une colonie a un besoin impérieux de travaux publics : la construction d'un port, l'établissement d'une ligne de chemin de fer peuvent avoir pour la prospérité future d'un pays neuf des conséquences de premier ordre. Or tous ces grands travaux coûtent cher. La colonie a besoin pour les entreprendre de recourir à des emprunts et ceux-ci ne sont possibles à des taux convenables que si la colonie jouit de crédit.

C'est entraver d'une manière irrémédiable le crédit naissant d'une colonie que de lui paralyser le plus clair de ses revenus. Le législateur de 1841 s'emparant pour se couvrir des dépenses de souveraineté des impôts indirects perçus dans la colonie, agissait avec autant de dureté que les créanciers du bey de Tunis qui en 1867 exigèrent, pour assurer le paiement de leurs intérêts, la concession d'une partie des impôts, et naturellement la meilleure, celle dont la perception se fait facilement et dont les évaluations sont constantes.

Mais le Rapporteur de 1847, l'amiral Béhic faisait un reproche encore plus grave au système de 1841 ; ce dernier aurait établi une assimilation poussée jusqu'à l'absurde et impraticable.

Impraticable, car le système de 1841 fut vicié dans son application par suite des nombreuses exceptions que l'on consentit et alors nous concluons avec l'amiral Béhic : « Admettre en fait le principe « de décentralisation que l'on repousse en droit, « c'est l'admettre sans aucune des garanties dont il « eût été possible de l'entourer en le proclamant. »

11. Deuxième période 1854 à 1880.

Napoléon III, imitateur des institutions politiques de l'Empire, avait organisé un sénat ayant entr'autres attributions, celle d'établir des lois coloniales. Ce sénat, puisque la Révolution de 1848 avait tout détruit sans rien créer, dut songer à édifier une nouvelle constitution coloniale, c'est ce qu'il fit par le sénatus-consulte du 3 mai 1854.

Cette fois, nous ne nous trouvons pas en présence d'un système aussi nettement tranché qu'en 1833 et 1841. La plupart des auteurs d'ailleurs considèrent le sénatus-consulte de 1854 comme organisant un système d'autonomie. Il est vrai que jusqu'à un certain point le sénatus de 1854 fut élaboré en réaction de l'ordonnance de 1841, système d'assimilation ; il est encore vrai qu'il créa une assimilation non sans mélange et que le sénatus-consulte de 1866 qui vint le modifier accentua les parties de la constitution ayant un caractère d'autonomie ; mais, dans son ensemble, dans son esprit, la législation du second empire présente un système d'assimilation.

La meilleure preuve qu'on en puisse donner, c'est le résultat auquel a abouti sa longue évolution : la réforme partielle de 1893 en effet rétablit un type parfait du système d'assimilation.

A. Sénatus-consulte de 1854. — L'idée première du législateur de 1854 fut de tenir grand compte des expériences tentées sous la monarchie constitutionnelle.

Le système de 1833 avait mis en péril les finances coloniales par suite des trop grands pouvoirs laissés aux conseils généraux, véritables parlements locaux. Cela était incontestable, mais les sénateurs du second Empire comprirent que le système organisé, ensuite par la loi de 1841 et qui consistait à enlever aux conseils généraux la plus grande partie de leurs attributions financières était désastreux, que le remède était pire que le mal puisqu'il créait une centralisation néfaste.

Ils se contentèrent de prendre des garanties contre les excès d'indépendance possibles des conseils généraux. C'était mettre exactement en pratique la règle que dans un chapitre antérieur nous avons ainsi formulée : « Il est bon que la métropole prenne des garanties vis-à-vis des assemblées locales afin de pouvoir éviter — sans dommages — d'ériger la plupart des services coloniaux importants en services de souveraineté ».

C'est ainsi que le sénatus-consulte de 1854 établit la catégorie des « Dépenses obligatoires ». Nous avons déjà esquissé les grandes lignes de ce système (1) ; il s'agissait d'ailleurs, non d'une création mais d'une simple imitation d'une règle du budget départemental, règle qui avait déjà été partiellement appliquée aux colonies en 1833.

Enfin, il fut établi un nouveau mode de recrutement des conseils généraux des colonies qui furent soustraits à l'élection : une moitié du conseil était nommée par le gouverneur, l'autre moitié était choisie par les membres des conseils municipaux, eux-mêmes nommés par le gouverneur.

Seulement dans sa tentative de décentralisation, le sénat impérial s'arrêta à moitié chemin, contrarié qu'il était par le principe d'assimilation, principe essentiellement centralisateur dont, à son insu peut-être, il était pénétré. Aussi le législateur de 1854 aboutit en fin de compte à un système se rapprochant tout à fait de celui de 1841 sauf qu'il sut en éviter les défauts marquants. Il établit d'abord un principe de solidarité réciproque ; ce principe au lieu de se manifester au moyen d'impôts perçus par l'Etat aux colonies, s'affirme par la création de « contingents », secours éventuels de la colonie à la métropole, servant de pendant aux subventions que la métropole peut accorder à la colonie.

1. Voir page 29.

Quant aux dépenses de services de souveraineté, elles sont sans doute moins nombreuses ; elles comprennent les dépenses militaires, les dépenses de gouvernement et de protection ; mais de plus l'article 14 du sénatus-consulte était très vague, il se terminait par ces mots : « et les dépenses dans lesquelles l'Etat a un intérêt direct ». Comme à propos de n'importe quelle dépense coloniale il est facile de découvrir pour l'Etat un intérêt direct, c'était donner aux dépenses de services la possibilité d'une amplitude indéfinie.

Il n'est guère possible de juger le sénatus-consulte de 1854 avant de connaître celui de 1866 qui le complète. Mais dès maintenant on peut faire une remarque : ce système, qui remplaça celui de 1841, ne valut guère mieux en pratique ; il laissait le budget local aussi incomplet au point de vue des dépenses, et si, au point de vue des recettes la colonie n'était plus sacrifiée, cette fois ce fut l'Etat ; avec les mêmes charges, il n'avait plus les mêmes ressources et on n'obtint avec les contingents coloniaux que des subsides dérisoires.

B. Sénatus-consulte de 1866. — Ce second sénatus-consulte précisait et améliorait le premier ; il en restreignait le caractère d'assimilation mais en somme reproduisait les mêmes principes et les consacrait.

En effet dans son article 5, il réduisait les dépenses de souveraineté et les fixait sur les quatre chefs suivants :

1° Traitement du gouverneur ;

2° Personnel de la justice et des cultes ;

3° Trésoriers-payeurs ;

4° Service militaire ;

Mais ces quatre chefs de chapître sont d'une importance capitale et de cet article 5 a pu sortir un budget qui aujourd'hui, atteint la centaine de millions. Donc trop de services de souveraineté.

D'autre part, le sénatus-consulte 1866 consacrait l'adoption des contingents à fournir par les colonies en déclarant qu'ils seraient arrêtés annuellement dans la loi de Finance ; mais, anomalie importante dans l'esprit d'assimilation de ce système, ces contingents étaient limités aux dépenses civiles et de gendarmerie effectuées par l'Etat dans la colonie.

La solidarité entre l'Etat et la colonie n'était donc pas complète ; si elle existait de la part de l'Etat, il n'en était pas de même du côté de la colonie et l'auteur d'un rapport sur le système financier des colonies, M. Piquié, dont nous aurons occasion de parler bientôt, a pu qualifier cette organisation de « conception bâtarde ».

Il s'agissait là d'une anomalie mais rien de plus. C'est cependant sur cette restriction au principe de solidarité que les auteurs, qui voient dans l'organisation de 1866 une organisation d'autonomie, basent leur système. Le fait, disent-ils, que les secours éventuels fournis par la colonie ne peuvent dépasser le montant des dépenses civiles de souveraineté effectuées par la métropole, prouve qu'il s'agit là non d'une aide mais d'un simple remboursement ; donc pas de lien de solidarité sauf celui que créent les subventions, mais ce lien qui ne lie que la métropole, lien unilatéral apparaît justement dans le système autonome. D'autre part ajoute-t-on, nous trouvons dans le sénatus-consulte de 1866 la seconde caractéristique d'un système autonome, c'est-à-dire des dépenses de services de souveraineté peu nombreuses. « Elles sont ici réduites au strict minimum (1), aux dépenses militaires puisque des contingents peuvent être imposés aux colonies jusqu'à concurrence des dépenses provenant des trois autres chapitres énumérés par l'article 5 ».

Cette opinion pourrait peut-être se soutenir si le sénatus-consulte datait d'hier, mais aujourd'hui, après une expérience de plus de quarante ans, il ne peut y avoir aucun doute.

Il est impossible d'admettre sérieusement que le sénatus-consulte de 1866 ait réduit aux seules dépenses militaires, les dépenses de services de souverai-

1. Voir par ex. Georges François, *Le budget local des colonies, thèse de doctorat*, 1900, pag. 58.

neté. Puis, quoi qu'on en ait dit, le législateur de 1866 a voulu établir avec les contingents une aide et non un remboursement, on en trouve la preuve dans le manque absolu de corrélation qu'on constate entre le montant des dépenses civiles supportées par la métropole et le montant des contingents reçus (1) et ce, dès les premières années qui suivirent l'application du système de 1866.

La restriction apportée à la solidarité financière de la colonie était quelque chose d'illogique nous en convenons, mais une anomalie voulue à laquelle on a mis fin d'ailleurs en 1893, anomalie qui s'explique par cette idée déjà énoncée que si l'on comprend qu'une métropole s'impose de grands sacrifices pour une colonie, on conçoit bien moins facilement — à l'époque moderne — qu'une colonie doive venir jamais remplir les caisses de l'Etat.

C. Domaine des sénatus-consulte. — Les sénatus-consulte étaient appelés à avoir une plus longue durée d'application que les constitutions coloniales précédentes : ils survécurent au deuxième Empire et si l'on ne tient pas compte du décret du 3 X[bre] 1870 qui n'eut qu'une influence indirecte sur le système financier de nos colonies (ce décret modifiait le recrutement des conseils généraux des colonies désormais d'esprit plus indépendants puisqu'élus au suffrage

1. Voir page 70.

universel), il faut arriver à l'année 1893 pour trouver le premier changement important apporté aux sénatus-consulte.

Or, ceux-ci au début, comme la charte coloniale et l'ordonnance de 1841, ne s'appliquaient qu'aux vieilles colonies, à savoir les quatre colonies de la Martinique, la Guadeloupe, la Guyane et la Réunion. Mais d'autres colonies survinrent. Quelle fut leur situation ? Dès 1840 on s'en préoccupa. On appliqua simplement à ces colonies le système adopté dans les vieilles, en remplaçant le conseil qui n'y existait pas par le gouverneur approuvé par le ministre : ordonnances organiques du 23 juillet 1840 pour l'Inde française, du 7 septembre 1840 pour le Sénégal, du 18 septembre 1844 pour Saint-Pierre et Miquelon. Ces colonies furent petit à petit dotées de conseils généraux (1) et ainsi assimilées aux vieilles colonies.

C'est à peine si on pouvait relever quelques différences de détail, comme par exemple le traitement du chef de service des dépendances dans les établissements de l'Inde qui était à la charge de l'État au lieu d'être à la charge du budget local.

1. Guyane...........	décret du 23 décembre	1878
Indes	— — 15 janvier	1879
Sénégal	— — 4 février	1879
Saint-Pierre.......	— — 2 mars	1885
Tahiti............	— — 28 septembre	1885
Nouvelle-Calédonie.	— — 2 mars	1885

Maintenant il existe des colonies nouvelles non pourvues d'un conseil général, celui-ci a été remplacé par un conseil d'administration composé, sous la présidence du gouverneur, de notables ou négociants nommés par ce dernier et des principaux chefs d'administration.

Enfin une colonie a une organisation spéciale, c'est l'Indo-Chine. Nous réservons pour un autre moment l'étude de cette colonie qui possède un budget général au-dessus des budgets locaux de la Cochinchine, de l'Annam, du Cambodge, du Tonkin et du Laos Mais alors même que ces cinq colonies ou plutôt ces trois (Annam-Tonkin, Cambodge, Cochinchine), étaient séparées, leur situation était particulière; le décret de 1863 imposait à la Cochinchine un contingent spécial qui se chiffra par millions ; de plus, l'énumération des dépenses inscrites au budget local était beaucoup plus importante.

La Cochinchine supportait les dépenses de services de souveraineté suivantes

Les dépenses de la justice

Les dépenses du culte

L'entretien du régiment de tirailleurs annamites.

Il s'agissait là d'ailleurs d'une exception isolée et parfaitement illogique (1).

1. M. Girault dans son traité de législation coloniale écrit (page 483) : « Le principe de ces distinctions est d'une iniquité évidente. Si l'Etat estime que les dépenses militaires et

Bref, partout en principe, les colonies françaises étaient régies par les sénatus-consulte.

12. Troisième période : de 1880 à 1893.

La première période peut être intitulée *période d'essai*, on expérimente deux systèmes d'assimilation et d'autonomie. On peut considérer la seconde période comme une période d'établissement, le sénatus-consulte de 1866 vient compléter celui de 1854 ; cette législation est étendue à toutes les colonies. La troisième période peut s'appeler *période des résultats*.

En effet de 1850 à 1893 s'étend un long intervalle de temps pendant lequel on se contente d'appliquer la législation du second Empire et nous pourrions sauter cette période s'il n'était intéressant de constater des faits capables de nous éclairer définitivement sur le véritable caractère et l'exacte valeur des sénatus-consulte.

Dans l'esprit de ses auteurs, la législation coloniale du second Empire devait ainsi fonctionner :

1re *règle*. — Par défiance pour les autorités locales et en considération des avantages politiques

l'entretien du personnel de la magistrature doivent rester à sa charge, il doit les payer partout. Il est irrationnel et injuste de faire varier avec les colonies la liste des dépenses de souveraineté ».

de la centralisation, on voulait que tous les services coloniaux importants fussent gérés directement par la métropole. Ce premier résultat fut facilement atteint : il suffisait d'un texte.

2e *règle*. — Mais cette première règle, par la multiplicité des services de souveraineté qui imposaient à l'Etat des dépenses excessives, avait pour contre-partie nécessaire la création de contingents. Le contingent, sorte de tribut fourni à la métropole, contribution basée sur les seules forces financières de la colonie, contribution de solidarité, subjective, en un mot « contingente » devait produire des sommes importantes. Le contingent devait être, dans l'esprit du législateur, si élevé que celui-ci, pour l'empêcher d'être excessif lui avait fixé un maximum : il ne devait pas dépasser le montant des dépenses civiles et de gendarmerie faites dans la colonie par la métropole. Donc le contingent devait apporter à la métropole un secours considérable et ainsi compenser en partie les lourdes dépenses de souveraineté à la charge de l'Etat. Telle était en deux mots l'économie du système (1).

1. Nous avons à dessein fait abstraction des subventions pouvant être accordées à titre de secours par la métropole à telle colonie. C'est qu'en effet ces subventions, si elles peuvent être considérées comme la contre-partie des contingents en ce sens qu'elles sont une affirmation de plus du lien de solidarité qui unit métropole et colonies n'ont eu matériellement

Ces prévisions ont-elles été réalisées ? L'examen des faits permet d'établir deux constatations.

1re Constatation. — Les contingents ont mal fonctionné et n'ont rapporté que des sommes relativement très modestes. Ainsi que le constate le tableau suivant portant sur la période des 10 années qui ont précédé la réforme de 1900, on s'aperçoit que les contingents qui ont été plutôt en diminuant se chiffrent pour chaque colonie — si l'on excepte la Cochinchine — par dizaines de mille fracns atteignant rarement la centaine de mille et formant au plus un total d'environ un million.

aucune importance. Elles furent excessivement rares d'abord parce que les charges de la colonie étaient singulièrement allégées par la création en services de souveraineté de tous les services importants et surtout parce que après l'institution des contingents la colonie avait plutôt à donner qu'à recevoir.

Voici d'ailleurs le tableau du montant global des subventions accordées entre 1860 et 1900.

1862	1870	1880	1890	1897	1898
—	—	—	—	—	—
2.223.500	2 156.100	1.185.200	1.092.335	738.307	721.307

Les chiffres sont plutôt modestes, allant en diminuant chaque année, ils seraient encore inférieurs s'il ne s'était souvent présenté ce fait illogique d'une colonie qui, à la fois, recevait une subvention et était frappée d'un contingent. M. Siegfried rapporteur pour le budget de 1897 s'étonne d'un état de choses qui fait que la Guadeloupe paie 95.960 fr. puis reçoit 52.000 ; Saint-Pierre et Miquelon 8.320 puis reçoit 16.000 ; Mayotte 3.800 puis reçoit 80.000, etc., etc.

Pourquoi n'avoir pas fait la soustraction ?

Années	Total des contingents y compris Cochinchine	Contingent de la Cochinchine	Sommes dépensées par l'Etat dans les colonies (1)
—	—	—	—
1889	11.453 436	11.108.680	35.022.889
1891	9.379.486	8.288.000	37.105.852
1893	5.746.186	5.288.000	63.925.626
1895	6.429.436	4.978.000	70.844.929
1897	5.242.342	4.739.042	74.044 845
1898	5.911.503	4.742.442	86.165.942

Ces chiffres prouvent nettement qu'avec le système des sénatus consulte, les contingents ne peuvent apporter un secours sérieux à la métropole affligée de lourdes dépenses de souveraineté. Car à supposer qu'on ait pu obtenir le double des contingents, on n'aurait jamais atteint le décuple qui pourtant aurait été nécessaire pour approcher du maximum prévu en 1866.

Quelles sont donc les raisons de cette modicité des contingents ? Il y en a plusieurs : on peut surtout mettre en avant la prodigalité instinctive des assemblées coloniales, mais il est une raison sur laquelle il y a lieu d'insister c'est la suivante : La colonie est naturellement portée à l'autonomie et n'a jamais pu accepter franchement le principe du contingent qui est un principe de solidarité. Com-

1. Ces chiffres sont en réalité majorés d'une dizaine de millions car une partie des dépenses de l'Etat à la Guyane et à la Nouvelle-Calédonie sont des dépenses pénitentiaires.

ment telle colonie devrait fournir à l'Etat une somme importante, très importante même proportionellement à ses ressources alors qu'une autre pour des raisons que la 1re colonie n'a pas à connaître ne fournirait qu'une subvention dérisoire ? Il y a peu d'auteurs qui ne considèrent comme une véritable injustice les contingents excessifs qui furent imposés à la Cochinchine. C'est qu'en effet tout système de solidarité en matière de finance, lorsqu'il ne repose pas sur des bases indiscutables, constitue une véritable injustice.

Sans doute le contingent avait un maximum proportionnel basé sur les dépenses civiles et de gendarmerie, mais il ne s'agit là que d'une atténuation ; d'ailleurs tant que le contingent n'atteignait pas ce maximum — en fait, il ne l'atteignit jamais — le principe de la solidarité fonctionnait sans entrave et c'est en partie pour éviter d'avoir à généraliser la situation exceptionnelle faite à la Cochinchine, situation qui n'aurait pas toujours été supportée, que l'Etat dut se contenter des contingents presque de principe.

2e *Constatation.* — On avait bien prévu l'augmentation notable des dépenses de souveraineté, mais on n'avait pas songé que le budget du ministère des colonies atteindrait les chiffres qui s'imposèrent.

En moins de 40 ans le budget colonial qui au début n'atteignait pas 30 millions, a dépassé, si l'on fait état des crédits supplémentaires, la centaine de millions. De 1860 à 1898, le budget colonial s'est élevé (dépenses des services pénitentiaires mises à part) :

en 1861	à	20.394.300		en 1890	à	59.048.139
— 1865	—	24.455.700		— 1894	—	86.202.006
— 1870	—	26.715.550		— 1896	—	78.705.571
— 1875	—	29.467.831		— 1897	—	78.874.840
— 1880	—	29.677.189		— 1898	—	86.279.829
— 1885	—	34.720.805				

Sans doute il faut tenir compte dans l'appréciation de ces totaux de raisons particulières de grande importance dont la première est que nos colonies nous coûtent de plus en plus parce que notre domaine colonial s'accroît de jour en jour. A cette raison s'ajoutent des considérations historiques. Les désastres de 1870 nous ont empêché de nous occuper des colonies et il a fallu peu après conquérir une partie de l'Afrique en allant à pas de géants. « L'Europe, « constaté M. Turrel député, rapporteur du budget « en 1895, s'est partagé l'Afrique et la France a « dû, sous peine de déchéance morale irrémédia- « ble, jouer un rôle dans ce grand événement ».

Il est facile d'ailleurs de constater dans le tableau ci-dessus une période de progression particulièrement rapide qui va de 1880 à 1894 ; en l'espace de 14 ans le budget colonial passe de 30 millions à 86 millions, c'est-à-dire qu'il est presque triplé. Ceci est dû certainement à des causes extérieures, on en a la confirmation en opposant les dépenses civiles aux dépenses militaires.

	Services militaires	Services civils (y compris les services pénitentiaires)
	—	—
En 1885 (début de la période d'accroissement)	22.565.297	19.967.937
En 1890..................	37.042.747	22.005.392
En 1894 (fin de la période)..	60.395.682	24.419.962

Les dépenses civiles durant cette époque n'ont donc augmenté que de 5 millions, tandis que les dépenses militaires atteignaient 38 millions.

Néanmoins les dépenses civiles de souveraineté étaient excessives. Elles étaient excessives d'abord parce que le service de souveraineté, service centralisé, est compliqué et coûteux. Nous avons déjà été amené à parler de l'inconvénient qu'il a à établir pour les services des règles trop uniformes ; chaque colonie par ex., même la plus petite, ayant son gouverneur et son secrétaire général, chacun avec leurs bureaux. Il y a eu ainsi un développement absolument anormal des dépenses de personnel dans la plupart des colonies. Dans un rapport publié en

1898 et que cite M. Picquié (1), la chambre d'agriculture de la Pointe à Pitre s'exprime ainsi :

« Notre budget colonial est de 5 millions, celui « des communes de 2 millions et demi, ce qui fait un « total de 7 millions et demi qui se dépensent et se « gaspillent en dépenses administratives, et la pro- « duction de la colonie est à peine de 15 millions, « 16 millions dans les années les plus favorabless. « Nos dépenses administratives s'élèvent donc à « 50 o/o de notre production. C'est-là une énormité ».

Et M. Picquié ajoute :

« L'énormité hélas ! n'est pas qu'à la Guadeloupe. « Si cette colonie a 1152 fonctionnaires pour une « superficie de 160.262 hectares,

La Martinique	possède	973	fonctionnaires	pour	98.782 h.
La Réunion (2)	—	904	—	—	260.000
L'Inde	—	481	—	—	50.800
Mayotte	—	147	—	—	37.000
St-Pierre et Miquelon	—	107	—	—	24.500
Taïti	—	235	—	—	104.200

Mais les dépenses civiles de services de souveraineté étaient encore et surtout excessives en ce sens

1. Picquié *Rapport de la commission des budgets locaux*, déjà cité.

2. Par rapport à la population, il y a à la Réunion 900 fonctionnaires pour 120.000 habitants ; or à Maurice, île anglaise voisine, on ne compte que 767 fonctionnaires pour 200.000 habitants.

qu'elles contenaient des dépenses qui avec raison, dans un système d'autonomie, auraient apparu au budget local.

Lerapport Picquié constate que le contribuable des colonies ne payait en 1898 que 40 o/o de ses propres dépenses.

Les services civils de souveraineté, en Angleterre par exemple, sont beaucoup plus restreints que chez nous, et si le montant des dépenses militaires de souveraineté est plus élevé qu'en France, par contre le chiffre des dépenses civiles est inférieur.

En 1896 (1) les dépenses militaires en Angleterre furent de 53 065 700 (de francs), or les dépenses militaires de la France n'étaient que de 47.570.475 ; par contre, tandis que les dépenses civiles en France se montaient à 15.864.340, les dépenses civiles anglaises ne dépassaient pas 9 175.752. Ces chiffres sont significatifs.

Maintenant la constatation de la multiplicité exagérée des dépenses de services de souveraineté est d'autant plus regrettable qu'elle a pour conséquence la prodigalité dans les budgets locaux. On ne peut demander à une colonie de faire des économies ; et si toutes ses ressources ne sont pas absorbées par les services de première nécessité comme c'est le cas ici puisque c'est l'Etat qui s'en charge, elles serviront à des dépenses plus ou moins discutables.

1. Chiffres cités dans le rapport de M. Siegfried, 1898.

Il y a là une cause de prodigalité d'autant plus réelle que les colonies craindraient, en faisant des économies, de voir justement s'élever le montant de leur contingent.

Lorsqu'on parcourt les budgets locaux on est frappé de l'importance des dépenses facultatives qui égalent et même dépassent les dépenses obligatoires.

Ainsi en 1898 le rapport entre les dépenses facultatives et les dépenses obligatoires dans les diverses colonies était le suivant (1) :

	Dépenses obligatoires	Dépenses facultatives
	—	—
Sénégal.......	21	17
Inde..........	9	8
Cochinchine...	6	7
Martinique....	18	32
Guadeloupe ...	20	32
Réunion	17	16

A la Réunion par exemple où 1/3 des dépenses effectives apparaissait au budget métropolitain comme dépenses de services de souveraineté, on vit figurer la même année 1898 un crédit de 87.000 fr. en bourses et pensions.

Dans ces conditions on s'explique les chiffres vraiment stupéfiants qu'on trouve dans le tableau relatif aux budgets anglais et français, année

1. Extrait du rapport Picquié.

1896 et que nous empruntons au rapport de M. Siegfried (1897).

	Colonies françaises	Colonies anglaises
	—	—
Nombres de colonies..	21	43
Superficie en Kmq.....	2.980.900	38.414.000
Population...........	32.083.273	393.500.000
Total des dépenses....	63.434.815	62.241.225

Voilà le résultat des sénatus-consulte ! Concluons avec M. Pauliat (1) :

« Si les principes qui président en France au « fonctionnement de notre administration coloniale « avaient été les mêmes de l'autre côté de la « Manche, ce n'est plus 62 millions que l'Angleterre « aurait dû dépenser en 1896, mais 8 à 900 mil« lions ».

13. Quatrième période 1893-1900.

Les inconvénients des sénatus-consulte sont si évidents que dès 1885 les rapporteurs de la Chambre s'en préoccupèrent et, après avoir constaté la situation que nous venons de fixer rapidement dans le paragraphe précédent, concluaient en demandant des réformes (2).

1. Pauliat, rapporteur du sénat, budget 1901.

2. En 1888 par exemple, M. Turquet rapporteur disait : « En principe les colonies doivent se soutenir elles-mêmes et la métropole ne doit prendre à sa charge que les dépenses strictement nécessaires. Tel est le principe appliqué partout

Il y en eût deux : l'une partielle en 1893, l'autre complète en 1900.

1re Réforme de 1893. — Cette première réforme se caractérise d'un mot, elle a été conçue dans la pensée de conserver les sénatus — consulte en les améliorant. C'est qu'en effet les tendances françaises pour l'assimilation, tendances qui se sont affirmées avec la plus grande intensité sous la Révolution, sont des plus nettes. Même certains auteurs ont été jusqu'à dire, qu'étant donné le génie français généralisateur et idéaliste, il ne pouvait y avoir en France qu'une politique coloniale possible, celle de

sauf en France. Si l'on prend une partie du monde où plusieurs puissances ont des colonies, on remarque aussitôt que c'est la France qui fait les plus grands sacrifices. Ainsi pour les Antilles, on a comme moyenne par tête d'habitant (1884) :

Antilles françaises	
Guadeloupe	36.89
Guyane	52
Antilles anglaises	
Grenade	24.72
Jamaïque	24
Ste-Lucie	23.07
Barbade	20.94
St-Vincent	19.28
Iles Vierges	9.43
Autres nations	
Porto Rico (Espagne)	26.26
Curaçao (Hollande)	3.02
Ste-Croix (Danemark)	1.75

l'assimilation. Il y a là une exagération manifeste. Cependant l'assimilation, il faut le reconnaître, a régné effectivement jusqu'à la fin du XIXe siècle, et si l'on parcourt le recueil des résolutions du grand congrès colonial de 1885, on s'aperçoit qu'à cette époque il n'est même pas fait allusion au système d'autonomie.

On songea naturellement à opérer quelques réformes de détail, diminuant la liste des dépenses de services ; c'est ainsi que par exemple furent successivement rendus aux budgets locaux : par la loi du 11 janvier 1892 : Le personnel des Douanes ; par la loi de Finances 1897 : Frais de représentation des Gouverneurs. Puis vint la réforme importante de 1893 (loi de Finances, article 42). Un amendement de MM. Bazille et Charles Roux fut voté qui mettait à la charge des colonies 1/10 de certaines dépenses figurant parmi les dépenses de services ; la Justice, les Cultes et la Gendarmerie.

La mesure était bonne d'abord en ce qu'elle allégeait les sacrifices vraiment exagérés de la métropole pour ses colonies, surtout que ces dépenses de la Justice, des Cultes et de la Gendarmerie devraient incomber complètement à la colonie ; puis cette réforme, en intéressant les colonies aux dépenses supportées pour elles par la métropole, les invitait à pratiquer et à proposer l'économie. C'est ainsi que cette mesure atteignit surtout les vieilles colonies chez qui les trois services mentionnés avaient pris des proportions exagérées; par exemple le contingent le plus élevé des vieilles colonies en ce qui concerne la justice fut en 1894 celui de la Martinique qui s'éleva à 23.230 fr. ; or, parmi toutes les autres colonies françaises, le contingent le plus fort pour la justice après celui de la Martinique fut celui de l'Inde qui ne s'éleva qu'à 14.780 fr., c'est-à-dire environ la moitié. Après 1894 donc, la Martinique eut intérêt à ce que son personnel judiciaire ne fût pas trop nombreux, parce que en réalité le 1/10 de chaque traitement lui incombait, avant c'était le contraire car le fonctionnaire entièrement a la charge de la métropole faisait prospérer le commerce local en dépensant ses revenus dans la colonie.

Enfin dans la même loi de budget de 1893, une mesure bien plus importante au point de vue théorique était prise : l'article 6 du sénatus consulte de 1866 établissant une limite aux contingents coloniaux était supprimé. La solidarité financière complète entre la métropole et la colonie était établie. Désormais les contingents coloniaux seront considérés absolument *comme une aide aux dépenses générales de l'Etat*.

Cette réforme fut assez critiquée : « on ne peut, « disait-on, faire équitablement supporter aux con- « tribuables des colonies des dépenses dont les

« contribuables de la métropole seront les seuls à « retirer des avantages ; la réforme de l'article 6 a « pour résultat d'imposer aux colonies un véritable « tribut, car elle tend à inscrire au budget les divi- « dendes des capitaux engagés dans les entreprises « lointaines » (1).

La réforme était cependant très logique. La colonie étant considérée comme un département par la métropole qui y assure la plupart des services doit, par contre, subvenir au moins éventuellement aux dépenses générales de l'Etat — comme le département.

D'ailleurs comme le fait remarquer justement M. Girault (page 194 de son traité) « être assimilé à la métropole ce n'est pas lui payer tribut ».

Telles sont les modifications apportées de 1890 à 1900 ; considérées en elles-mêmes ces réformes sont bonnes, mais l'allègement qu'elles apportaient au budget colonial était par trop insignifiant. En effet si l'on considère les quelques crédits rendus aux budgets coloniaux et l'accroissement des contingents résultant de l'article 43, c'est à peine si on obtient pour le budget colonial une économie totale de quelques centaines de mille francs (2).

1. Voir Charles Roux, rapport du budget colonial 1894.

2. La contribution des colonies aux charges générales de l'Etat en 1893 s'élevait à 100.000 fr. seulement, ainsi répartis :

Tonkin............................ 60.000

2e *Réforme de 1900.* — La réforme de 1893 étant insuffisante, les rapporteurs des années qui suivirent continuèrent à déplorer l'importance excessive des dépenses de souveraineté. En 1897, M. Riotteau député, concluait en disant qu'il est difficile d'apporter de larges atténuations à ce chiffre élevé de dépenses « sous l'empire des conceptions coloniales qui ont jusqu'ici prévalu. » Ainsi donc le système de l'assimilation commençait à être mis en question d'une façon très nette.

En 1898 le Ministre des colonies, M. Lebon, créait (12 avril) une commission de finances qui ne se réunit d'ailleurs pas ; mais le 30 janvier 1899 une nouvelle commission était constituée «chargée d'examiner les budgets locaux des colonies afin d'amener par des économies ou par un meilleur emploi des ressources locales, la réduction des subventions de la métropole. »

Cette fois la commission se réunissait et le 30 juin suivant parut le rapport de la commission,

Guadeloupe, Martinique, Réunion, Inde, ...	chacune	5.000
Guyane, Sénégal.............	chacune	4.000
Nouvelle-Calédonie, Congo, Cambodge, ...	chacune	2.000
Océanie, Guinée, Côte d'Ivoire, Bénin, ...	chacune	1.000
St-Pierre et Miquelon, Mayotte, Nossiché, Obock,....................	chacune	500
Diégo-Suarez........................		900

œuvre de M. Picqué, Inspecteur des colonies, bouleversant complètement le système existant des dépenses de souveraineté et prônant résolument — malgré l'opposition de quelques-uns de ses membres, entr'autres M. Isaac sénateur qui donna sa démission - le système de l'autonomie.

Le rapport Picquié commence par constater les effets plutôt regrettables des sénatus-consulte et ne voit pas d'autre remède que d'adopter le système autonome qui permettra d'abord de ne plus faire supporter aux contribuables métropolitains les conséquences de l'imprévoyance de certaines administrations locales, puis de donner aux colonies un esprit d'ordre et d'initiative en les habituant à ne compter que sur elles-mêmes.

Parlant de ce rapport et de la réforme projetée, le Ministre des colonies déclarait solennellement à la tribune de la Chambre (13 mars 1900) que les colonies ne devaient plus être considérées comme des départements d'outre-mer mais au contraire comme « des collectivités distinctes, ayant leur vie et leur indépendance propres, disposant de toutes leurs ressources, acquittant toutes leurs charges, sous le contrôle supérieur bien entendu, avec l'approbation de l'Etat, et recevant de l'Etat si besoin est des subventions dont celui-ci fixe la quotité ».

Le rapport de la commission contenait outre cette réforme des dépenses de souveraineté, un projet de modification des pouvoirs financiers des conseils généraux. Ces deux propositions dont la première seule nous intéresse furent adoptées par le Ministre des colonies et incorporées par lui au projet de budget. Elles furent discutées à la Chambre le 13 mars 1900 et au Sénat les 9 et 10 avril.

A propos de la modification du droit budgétaire des conseils généraux, divers amendements furent déposés à la Chambre par MM. Guibert, d'Agoult, Henri Dubuc et Gerville-Réache ; au Sénat, par MM. Godin et Drouhet, et aujourd'hui encore cette question donne lieu à diverses critiques : par contre, et cela est intéressant à remarquer, la réforme des dépenses de souveraineté a passé sans discussion et le texte du paragraphe 1er de l'article 33 de la loi de Finances de 1900 reprend les termes du rapport Picquié.

L'alinéa 1er de l'article 33 est ainsi conçu : Toutes les dépenses civiles et de la gendarmerie sont supportées en principe par les budgets des colonies.

Des subventions peuvent être accordées aux colonies sur le budget de l'Etat.

Des contingents peuvent être imposés à chaque colonie jusqu'à concurrence du montant des dépenses militaires qui y sont effectuées.

Si donc on fait abstraction des services militaires, on se trouve en présence d'un système autonome parfait. D'abord, le budget local devient un budget complet puisque les dépenses dites civiles lui sont rendues ; et en second lieu, le lien de solidarité étroite et réciproque unissant métropole et colonie est supprimé, par suite de la disparition des contingents créés par les sénatus-consulte (complétés par la loi de Finance de 1893). Ne subsiste que la responsabilité de souveraineté de la métropole avec l'obligation de fournir des subventions éventuelles.

Mais restent les services militaires.

Pour que les services militaires fussent en harmonie avec les services civils, il aurait fallu qu'on distinguât entre les services militaires de souveraineté et les services militaires locaux mettant les uns à la charge de l'Etat, les autres à la charge de la colonie. Au lieu de cela, on admet un système de pure assimilation, on conserve le sytsème des sénatus-consulte : toutes les dépenses militaires sont indistinctement considérées comme des dépenses de souveraineté mais les colonies en sont déclarées solidaires et doivent fournir des contingents plus ou moins élevés, tout à fait variables et pouvant aller jusqu'au montant des dépenses militaires effectuées dans la colonie.

On a invoqué à l'appui de ce système l'autorité d'une institution de l'Angleterre qui cependant admet en principe le système autonome. Mais, « l'Impérial Défence Act » de 1888 fait tâche dans l'ensemble de la législation coloniale de l'Angleterre. C'est un véritable tribut, sans justification possible imposé à certaines colonies puisqu'il oblige celles-ci à participer pour une somme de 3.150.000 fr. à la construction et à l'entretien de 7 nouveaux navires de guerre qui demeurent la propriété exclusive de la métropole.

Faut-il considérer l'organisation des services militaires comme une importante restriction apportée au principe autonome pourtant si nettement accepté par la commission des budgets locaux ? Doit-on dire en d'autres termes : le système de 1900 est mixte : autonome pour les dépenses civiles, assimilateur pour les dépenses militaires ?

Non, l'organisation de 1900 est avant tout autonome car l'organisation des services militaires n'a *qu'un caractère provisoire.*

Et à ce sujet il ne peut y avoir aucun doute. Le rapport Picquié reconnaît que s'il y a des dépenses militaires qui ont un intérêt purement colonial, il y en a d'autres qui ont un intérêt national incontestable et que de ce chef un départ est nécessaire, seulement il ajoute : « Il (ce départ) serait délicat et risquerait de provoquer des récriminations. Son utilité au surplus n'est pas immédiate car la situation de nos établissements d'outremer ne leur permettra pas d'acquitter dès à présent l'ensemble de leurs dépenses civiles — y compris celles de la gendarmerie chargée de la police intérieure — et des subventions seront réclamées pendant quelques années encore au Trésor public.

« Dans ces conditions, il a paru préférable... ». Ce texte est très clair et nous avons fini d'exposer la réforme de 1900.

Au point de vue théorique et si l'on a soin de considérer l'organisation des services militaires comme *provisoire*, cette réforme est considérable et ne doit être approuvée. Au point de vue pratique, il ne faut pas être aussi affirmatif. Sans doute l'examen du passé peut nous faire bien augurer de cette réforme ; l'historique ne nous a-t-il pas montré en somme que le système d'assimilation (système opposé) maintenu et tour à tour modifié pendant 60 ans ne peut décidément pas donner de bons résultats ?

Mais — et c'est là une remarque très importante — la réforme ne produira tous ses effets, que si l'assimilation chassée du domaine financier ne demeure pas dans le domaine administratif. Le service coûteux de la justice par exemple vient d'être rendu au budget local, il faut encore, pour que la réforme soit complète, que le nouveau service local se transforme. Il faut qu'il ne conserve pas cette organisation uniforme pour toutes les colonies, copiée sur la métropole, souvent peu en harmonie avec les mœurs locales et toujours onéreuse. Sans quoi les subventions élevées que la métropole aura à fournir compenseront presque l'économie qui résulte des services mis depuis 1901 à la charge des colonies.

La loi de 1900 peut permettre — la question des services militaires mise de côté — une économie d'environ 10 millions ; les dépenses civiles s'élevant à 7.770.000 et les dépenses de gendarmerie à 2.206.000 fr. ; mais cette économie ne sera réelle que lorsque les fortes subventions que la métropole est encore obligée d'accorder auront progressivement disparu.

On ne peut donc dès maintenant savoir quelle sera la portée exacte de la réforme de 1900 : le maintien d'une organisation coûteuse dans les services localisés pouvant en neutraliser presque complètement les effets, et c'est tout au plus si l'examen des budgets de 1901 et 1902 qui contiennent les deux premières applications de la nouvelle organisation des dépenses de souveraineté, nous permettront de dégager des tendances plus ou moins incertaines.

CHAPITRE II

LE BUDGET ACTUEL DU MINISTÈRE DES COLONIES

14. Critérium des services coloniaux de souveraineté. — 15. Les dépenses civiles. — 16. Les subventions. — 17. Les dépenses militaires. — 18. Dépenses coloniales hors budget.

Dans ce chapitre comme dans les précédents nous nous proposons toujours d'étudier les faits — en les examinant seulement d'un peu plus près — et de voir s'ils confirment les opinions émises dans notre 1re partie.

Mais il est besoin tout d'abord de compléter la théorie sur un point que nous avons réservé pour maintenant.

Noun nous sommes contenté de dire dans notre essai de théorie des dépenses de souveraineté que dans le système autonome, les dépenses de services de souveraineté doivent être réduites au minimum, laissant le budget local beaucoup plus complet que le budget départemental.

C'est cette dernière proposition qui demande à

être précisée ; quels sont les rares services coloniaux qui peuvent être considérés comme des services de souveraineté ?

14. Critérium des services coloniaux de souveraineté

Il est évident d'abord que si certains services coloniaux doivent être considérés comme services de souveraineté, c'est en vertu du droit de souveraineté de la métropole. C'est parce que celle-ci tient à conserver sa suprématie qu'elle crée certains services ou intervient à propos d'autres.

On peut donc déjà distinguer deux catégories de services de souveraineté : ceux que la métropole crée et ceux à propos desquels elle intervient. Les premiers forment ce qu'on peut appeler les services de souveraineté absolus, ce sont essentiellement et indiscutablement des services de souveraineté. Ces services sont hors de la sphère des budgets locaux. Pour préciser, on peut dire qu'ils sont analogues aux services du ministère des affaires étrangères. Il est évident par exemple que la France n'a aucune influence sur le budget de l'Espagne, et pourtant du fait de ce pays, certaines dépenses sont inscrites au budget. Nous entretenons des services qui ont pour but d'assurer nos relations amicales avec les autres pays, de protéger les intérêts de nos nationaux dans ces contrées, etc.

En tenant compte de la différence de situation, nous avons à faire des dépenses semblables pour nos colonies, ce sont ces dépenses que nous appelons dépenses de services de souveraineté absolus.

Leur critérium est des plus simple : le service de souveraineté absolu, à supposer qu'on le supprime du budget métropolitain, n'aurait pas à apparaître au budget local. Ainsi le service de la justice avant 1900 était considéré comme un service de souveraineté. Etait-ce un service de souveraineté absolu ? Non, car expulsée du budget métropolitain la justice a pris place aussitôt et une place importante dans les budgets locaux.

La seconde catégorie des services souverains que nous appellerons « services de souveraineté relatifs » comprend les services coloniaux ordinaires à propos desquels la métropole intervient. Cette catégorie est plus délicate à déterminer car on peut ici toujours discuter sur l'opportunité qu'il y a de donner à ces services coloniaux, le caractère de souveraineté. En effet, sans l'intervention de la métropole qui en fait des services souverains, ils apparaîtraient au budget local. Il faut être très rigoureux sur les raisons qui déterminent la métropole à ériger un service colonial en service de souveraineté relatif ; il faut rejeter par exemple le critérium établi dans le sénatus-consulte de 1854 qui dit en substance : « sont considérées comme dépenses de souveraineté les dépenses coloniales dans lesquelles l'Etat a un intérêt direct »

Une autre solution — encore trop large à notre avis — est énoncée par M. Jacques (1) : Doivent être selon lui rangées parmi les dépenses de souveraineté toutes les dépenses de services que la colonie ne peut gérer à sa guise.

« Dans le système même le plus libéral dit-il, avec la décentralisation la plus forte, l'autonomie la plus complète, la colonie demeure néanmoins soumise à la souveraineté de l'Etat qui l'a créée. Le droit de paix et de guerre appartient à l'Etat, c'est en son nom que la justice est rendue ; dès lors, pour rester fidèle au principe exposé tout à l'heure les dépenses afférentes à un service où la métropole a le dernier mot doivent raisonnablement et légitimement incomber à la métropole ».

Il y a là une exagération qui a pour cause comme le dit l'auteur le besoin de rester fidèle à un principe qui est le suivant : la liberté accordée aux colonies doit toujours être en proportion des charges qu'elle aura à supporter. Nous avons déjà montré que ce principe, excellent comme principe de tendance, ne devait pas être considéré comme une règle mathématique et absolue (2). Puis il ne faut pas oublier que comme le déclare M. Laferrière : « les actes de

1. Ouvrage déjà cité.
2. Voir page 25.

tutelle sont des actes de puissance publique et que le principe pour les actes de puissance publique c'est l'irresponsabilité pécuniaire de l'Etat ».

Dans la circonstance cette théorie aboutit à la conséquence suivante : l'Etat se trouverait dans l'obligation de renoncer à exercer utilement ses droits de souveraineté pour n'être pas amené à supporter le 1/3 ou la 1/2 des dépenses effectuées dans la colonie.

A notre avis, pour justifier la transformation d'un service colonial en service de souveraineté, il faut plus que l'existence de simples règles de tutelle et de contrôle, il faut une organisation du service qui échappe complètement à la colonie.

Seront alors considérées seules comme dépenses de souveraineté légitimes les dépenses de certains services coloniaux qui auront reçu une transformation complète, qui auront été organisés en services centralisés gérés directement par la métropole et lorsque bien entendu ce changement et cette centralisation seront commandés par les raisons les plus sérieuses.

Sans doute dans ce cas de services de souveraineté relatifs nous nous trouverons en face de dépenses que les contribuables coloniaux auraient pu payer, il est juste cependant qu'elles incombent à la métropole parce que qui administre doit payer afin que qui administre soit responsable.

BUDGET COLONIAL ACTUEL.

Le total du budget colonial de 1901 — services pénitentiaires exceptés bien entendu — a dépassé 103 millions et celui de 1902 (1) aboutit à la forte somme de 111 millions. Ces budgets sont en progression notable sur les budgets de 1898 et 1899 qui n'atteignaient pas la centaine de millions. Or, ces budgets de 1898 et 1899 sont les derniers budgets n'appliquant pas la réforme établie par l'article 33, réforme qui doit avoir pour but d'amener de notables économies. Où sont-elles donc ces notables économies ?

Le montant élevé des dépenses de souveraineté en 1901 et 1902 s'explique cependant assez aisément. Pour le budget de 1902 spécialement il faut tenir compte du transfert aux colonies par suite de la création de l'armée coloniale de certains crédit militaires qui apparaissaient jusqu'ici à la guerre ou à la marine. En 1901 et en 1902 on a d'autre part grossi notablement les crédits affectés à la défense des colonies jusqu'ici un peu négligée.

Mais voici la principale raison : l'application de la réforme de l'article 33 n'est qu'une application progressive ; on a pensé très justement, afin de ne pas grever trop lourdement dès les premières années les

1. Ce budget vient d'être voté à la Chambre le 6 février et au Sénat le 22 mars 1902.

finances locales, que les économies à réaliser, du fait de la Réforme, devaient être limitées en 1901 à 900.000 fr. et en 1902 à peu près au double. La mesure produira ainsi peu à peu tous ses effets.

Pour être plus précis disons que pour compenser les dépenses de services rétablies dans les budgets locaux, l'Etat a accordé en 1901 pour 8 millions, en 1902 pour 7 millions de subventions appelées à disparaître un jour.

Cette remarque préliminaire faite, ouvrons le budget colonial, il se divise en quatre paragraphes :

1° Dépenses communes ;

2° Dépenses civiles ;

3° Dépenses militaires ;

4° Dépenses des services pénitentiaires.

Pour plus de facilité, il convient de modifier légèrement ce cadre. Il va sans dire que nous écartons d'abord les dépenses pénitentiaires qui ne se rattachent pas directement à notre sujet. Nous fondrons ensuite en un seul paragraphe les dépenses communes et les dépenses civiles ; c'est là une double division qu'on aurait pu ne pas conserver après la réforme de 1900 qui supprime en principe les dépenses civiles. Par contre, nous détacherons des dépenses civiles les subventions globales accordées nominalement à la colonie et qui, à notre avis, ne doivent pas être confondues avec les dépenses de services.

Bref nous suivrons l'ordre suivant :

1° Dépenses civiles ;
2° Subventions ;
3° Dépenses militaires ;
4° Dépenses hors budget.

15. Dépenses civiles.

1er *Groupe. — Dépenses de l'administration centrale et frais de contrôle*

	1902
1) Traitement du ministre et du personnel	790.450
2) Matériel et frais divers...............	354.000
3) Inspection des colonies.............	303.900
4) Inspection des travaux publics coloniaux	50.900

Les dépenses de l'administration centrale rentrent dans la catégorie des dépenses de souveraineté absolues et par conséquent indiscutables.

Elles sont partout considérées comme des dépenses incombant à la métropole, un seul pays faisait exception mais ce pays c'est l'Espagne où Cuba pour 5 o/o Porto-Rico pour 2 o/o, les Philippines pour 3 o/o contribuaient aux dépenses du ministère d'Ultramar.

Ce qui est critiquable c'est la façon dont en France on conçoit le fonctionnement de l'administration centrale.

L'administration centrale si on peut s'exprimer ainsi est le cerveau du corps colonial, or en France le cerveau est congestionné. Il ne faut pas que le pouvoir central entre trop dans les détails, que le gouverneur puisse prendre aucune décision de quelque importance sans avoir au préalable reçu l'autorisation télégraphique du Ministère.

Car dans ces conditions, le ministre encombré d'affaires fait attendre longtemps les solutions qu'à distance d'ailleurs il juge souvent mal, il est ensuite naturellement enclin à employer partout les mêmes procédés ; il a une certaine tendance à établir la même hiérarchie traditionnelle, les mêmes rouages. Donc, tant que l'administration centrale jouera un rôle aussi considérable, la création dans chaque colonie d'organismes originaux et économiques ne sera guère possible.

Enfin cette façon de comprendre le rôle de l'administration centrale a une influence cette fois directe sur les dépenses de souveraineté en nécessitant un personnel considérable.

Nos dépenses de personnel du Ministère des colonies croissent chaque année :

1896	1898	1900	1901
640.600	675.000	703.000	791.450

L'Angleterre possède un domaine colonial dix fois plus étendu que le nôtre et cent fois plus peuplé ; or, il n'y a au Colonial office que 60 fonctionnaires (1) tandis que le Pavillon de Flore en abrite 260.

La réforme de notre administration Centrale semble d'ailleurs être à la veille de s'opérer.

Cette année les chambres ont diminué le crédit du Chapître Premier de 1000 fr. à titre d'indication et le Ministre des colonies a pris devant le Parlement des engagements formels.

En ce qui concerne les frais de contrôle on peut se demander s'ils constituent une dépense de souveraineté relative ou une dépense de souveraineté absolue ; dans le premier cas, on fait remarquer que le contrôle est le complément nécessaire du service et que si l'on supprime le contrôle central il faudra établir un contrôle local. Dans le second sens on prétend que le contrôle central ne remplace pas du tout le contrôle local et qu'il est la manifestation la plus immédiate de la souveraineté. Cette question est de peu d'importance ; il suffit de constater que de toute façon les frais de contrôle sont reconnus par tous comme constituant une dépense de souveraineté.

Une ordonnance de Charles X avait créé un contrôle local et permanent, mais cette surveillance

1. 60 fonctionnaires : ce chiffre donné par plusieurs rapporteurs de notre buget Colonial est peut-être exagéré, il n'est vrai que d'une façon très approximative surtout que certains services importants sont détachés du colonial office. Mais si large que soit la part faite à l'exagération, la comparaison porte toujours.

exercée sur l'ordonnateur par l'officier du commissariat le premier en grade après lui, c'est-à-dire hiérarchiquement son inférieur, était insuffisante et en 1873 on instituait l'inspection centrale mobile et accidentelle.

Cette nouvelle surveillance est incontestablement plus forte et a plus d'autorité que la précédente. Or, s'il y a après les finances un département où l'inspection soit nécessaire, c'est le département des colonies. Car, dit la règle, le contrôle doit être en raison directe de l'éloignement qui facilite les abus et les malversations.

Remarque. — Il existe à côté de l'inspection des colonies, une inspection des travaux publics, mais ce service est très critiquable. Sans nier l'importance du contrôle en matière de travaux publics, entreprises qui absorbent la plupart du temps des capitaux énormes, nombre de personnes entr'autres M. le Myre de Vilers, député, rapporteur en 1901, pensent que l'inspection des travaux publics intéresse uniquement la colonie et que ce chapitre vient à tort grever le budget métropolitain.

2e Groupe. Frais de propagande

	1902
1) Bourse et subventions à l'Ecole coloniale	126.600
2) Subvention à l'office colonial...........	37.000
3) Emigration de travailleurs aux colonies..	90.000
4) Etudes coloniales.....................	10.000
5) Misssions scientifiques et coloniales.....	150 000

Dans ce groupe il faut mettre de côté les deux derniers chapitres sur lesquels il n'y a pas lieu de discuter. Il s'agit là de dépenses de souveraineté absolue et de crédits hors de la sphère du budget local. Ces crédits en effet apparaîtraient même, soit au budget de Commerce, soit à celui des Affaires Etrangères dans un pays qui n'aurait pas encore de colonies mais songerait à en fonder. Il nous reste deux points à examiner :

1° Les écoles coloniales ;

2° L'émigration.

1° Ecoles coloniales. — Nous abordons cette fois d'une façon certaine la deuxième catégorie des services de souveraineté : les services de souveraineté relatifs qui eux, pourraient apparaître au budget local et qui, selon leur organisation centrale ou locale, sont à la charge de la métropole ou de la colonie.

Il y a à Paris une Ecole coloniale : il s'agit bien là d'une dépense de service de souveraineté relative car, au lieu d'une école unique établie à Paris on aurait pu créer dans les centres importants des colonies des écoles locales ; puis cet établissement évite à la colonie d'avoir à établir chez elle une école destinée à lui procurer le personnel instruit dont elle a besoin. Enfin l'Ecole coloniale de Paris a une utilité spéciale intéressant la souveraineté de l'Etat. Elle a pour but d'éparpiller à travers l'empire colonial des promotions de fonctionnaires qui propageront l'esprit et maintiendront les traditions de la Mère-patrie. Ces raisons sont suffisantes pour légitimer la création de l'Ecole coloniale au lieu ou à côté d'écoles coloniales locales. Maintenant, cette Ecole coloniale centrale doit être naturellement à la charge de la métropole.

Mais ici apparaît une question controversée. Cette solution qui admet que les dépenses de services de souveraineté relatives doivent incomber à la métropole et que nous avons émise antérieurement n'est pas acceptée par tout le monde. Si dans le service de souveraineté relatif dit-on, l'intérêt de la colonie est secondaire par rapport à l'intérêt de l'Etat, il n'en a pas moins une grande importance ; dans l'espèce actuelle, comme nous l'avons dit, la création d'une Ecole coloniale à Paris évite aux colonies la création d'Ecoles locales. Par conséquent s'il est juste que la métropole paie la plus grande partie de ces dépenses de souveraineté, il est juste aussi que les colonies y participent au moyen de subventions.

Et les partisans de ce système ajoutent : « Vous légitimez la solution opposée, celle qui consiste à mettre entièrement à la charge de l'Etat les dépenses de souveraineté en disant : on n'administre bien que ce qu'on paie ; d'accord, mais notre système ne va pas à l'encontre de ce principe et la métropole est suffisamment intéressée à la bonne gestion des services relatifs puisque nous mettons à sa charge la plus grande partie de la dépense.

Ce système est celui qui petit à petit a été adopté en France. Il a été consacré en 1893 quand les colonies ont dû participer pour 1/10 à trois des plus importantes dépenses relatives. Aujourd'hui, bien que les services visés par la loi de Finances de 1893 aient été rendus au budget local, le système de la participation est encore appliqué notamment à propos de l'Ecole coloniale.

En 1900, l'Etat accordait à l'Ecole coloniale un crédit de 25.000 fr. et les colonies versaient en subvention 98.000 ainsi répartis :

Indo-Chine . . .	80.000
Dahomey . . .	3.000
Soudan. . . .	2.000
Côte d'Ivoire. .	2.000
Congo	2.000

Ce système des subventions de participation a d'abord le tort de présenter en fait une répartition des charges entre les colonies très inégale.

Pratiquement il a encore un autre inconvénient, il offre un moyen facile de masquer un accroissement de dépenses. Ainsi avant 1892 on avait imposé des subventions aux colonies pour certains services :

magasin central, exposition permanente, archives. Le Congo par exemple, y participait pour une somme de 4.100 fr. or, il s'agissait là d'un pur expédient : ces 4 100 fr. venant accroitre le montant des trois chapitres étaient en réalité fournis par la métropole puisque à cette époque, le Congo recevait une subvention globale de 1.292.250 fr. (1). Le fait s'est renouvelé avec les subventions fournies à l'Ecole coloniale — (et à l'office colonial qui reçoit aussi des subventions) — M. Pauliat dans son rapport de 1901 remarque : « L'administration impose d'office un contingent spécial aux colonies pauvres qui vivent des subventions de l'Etat. En réalité c'est l'Etat qui paie par voie détournée puisque les budgets locaux reçoivent une subvention ».

Voilà pourquoi le système des dépenses relatives mises comme toutes les autres dépenses de souveraineté, à la charge exclusive de la métropole nous semble préférable. Mais si nous adoptons cette solution, il faut reconnaître que ce n'est pas sans une certaine hésitation. Ce n'est pas non plus sans admettre de larges exceptions et c'est ainsi qu'il paraît utile d'admettre la participation des colonies pour les dépenses d'émigration résultant de l'octroi de passages gratuits et pour les services militaires ordinaires.

1. Ce fait est relevé par M. Chautemps député rapporteur en 1892.

2° *Emigration.* — Nous nous trouvons ici en présence d'un second service de souveraineté relatif. On conçoit fort bien le service de l'émigration ayant une organisation locale. Dans cette hypothèse, chaque colonie, telle une maison de commerce qui cherche à se créer une clientèle, établira dans la métropole une agence chargée d'attirer des colons. Si on envisage l'émigration comme donnant naissance à un service de souveraineté, la métropole songeant avant tout à l'avantage qu'il y a de procurer aux individus sans emploi un travail rénumérateur aux colonies, organise alors un service centralisé s'occupant de l'émigration pour les diverses colonies.

En France où ce second système est adopté, le service de l'émigration n'est véritablement bien organisé que depuis quelques années, depuis l'installation de l'office colonial. M. Bienvenu Martin dans son récent rapport définit ainsi l'Office colonial :

« L'Office colonial a été institué pour être à la fois un centre d'information destiné à répandre dans la métropole les détails de la vie économique de nos colonies et un guide pour nos commerçants, nos industriels, nos futurs colons qu'il doit renseigner sur les entreprises qu'ils peuvent fonder utilement », etc.

L'Office colonial étant un service de souveraineté

devrait être comme l'Ecole coloniale entretenu exclusivement par la métropole. Mais on peut faire ici une remarque importante. Comme nous l'avons annoncé, il y a à propos de l'émigration, une dépense et une dépense élevée pour laquelle la participation des colonies paraît légitime. Pour attirer les colons, on accorde aux émigrants des passages gratuits ; or les colonies peuvent prendre à leur charge une partie de cette dépense et cette participation se justifie amplement par le profit qu'elles retirent de l'émigration.

En 1899 le conseil général de la Nouvelle-Calédonie a voté un crédit de 50.000 fr. afin de payer les 2/3 des frais de passage d'émigrants français. Cette année la loi de Finances a étendu cette mesure à toutes les colonies et à cause de cela le crédit du chapitre 17 qui en 1901 s'élevait à 100.000 fr. a été réduit à 90.000.

Le mouvement de l'émigration française vers les colonies est bien languissant : de 1894 à 1900 on ne compte (1) que 2089 émigrants : donc environ 500 par an. En 1900 il a été accordé 141 passages collectifs pour l'Indo-Chine, 100 pour la Nouvelle-Calédonie, 70 pour Madagascar et 16 pour d'autres colonies.

Cette constatation nous amène à nous demander

1. Chiffres tirés du rapport de M. Bienvenu Martin.

en terminant si l'organisation du service de l'émigration en service de souveraineté est bonne. Peut-être les appels particuliers des colonies seraient-ils mieux entendus, peut-être la propagande individuelle des colonies serait-elle plus ingénieuse et plus active. Ce serait alors une des principales occupations des gouverneurs que d'essayer de créer dans leur gouvernement un centre d'émigration et cela par tous les moyens possibles, même par la colonisation militaire (1).

Remarque. — Aux frais de propagande on peut ajouter en annexe les frais de secours :

	1902
1) Secours et subventions........	52.000
2) 1/8 des indemnités à payer à des établissements agricoles........	360.000

Il est bon que la métropole ait un crédit spécial lui permettant de distribuer des secours en cas d'accidents et de cataclysmes ou de venir en aide à des

1. Durant les années 1899 et 1900 le général Galliéni a installé à Madagascar 40 colons militaires parmi lesquels 37 ont persisté. Le but du gouverneur, comme il l'a dit lui-même est : « Arriver peu à peu à constituer sur le plateau central de Madagascar une population de colons français qui, installés dans un pays salubre et sous un climat tempéré se développeront, feront nombre et finiront par communiquer à nos sujets malgaches leurs habitudes de travail et d'activité ».

Ajoutons que les colons militaires sont un élément de défense pour le pays.

institutions intéressantes; c'est ainsi que le chapitre 8 qui s'est élevé en 1901 à 47.000 fr, a été réparti :

Secours au personnel militaire et administratif des établisenments coloniaux..............	32.000
Subvention à des sociétés et œuvres intéressant les colonies..........................	15.000

3e *Groupe. Dépenses civiles proprement dites.*

A. *Crédits supprimés*

	1900
1) Personnel des services civils........	395.902
2) Personnel de la Justice.............	1.368.971
3) Personnel des Cultes...............	601.000

B. *Crédits actuels*

	1902
4) Dépenses civiles à la charge de l'Etat.	50.000
5) Service central des marchés.........	105.000
6) Service administratif des colonies dans les ports de commerce de la métropole	107.000

Commençons par examiner les dépenses civiles encore existantes pour voir ensuite celles que la réforme de 1900 a supprimées.

1° *Dépenses civiles actuelles.* — Il y a d'abord les dépenses du chapitre 10 : dépenses civiles à la charge de l'Etat qui comprend :

1) Solde des gouverneurs en disponibilité ;

2) Solde de parité des trésoriers-payeurs en cours de mutation ;

3) Frais de premier établissement des gouverneurs ;

4) Frais de route, vacations, indemnités de séjour en France.

Ce ne sont là à proprement parler que des frais accessoires aux dépenses civiles et leur énumération suffit pour reconnaître qu'ils incombent légitimement à la métropole. On peut seulement faire une courte remarque à propos « des frais de route et indemnités de séjour en France ».

Les fonctionnaires coloniaux paraît-il se déplacent trop facilement et le rapporteur de 1902 déclare justement que « les changements de colonies devraient être limités aux strictes nécessités du service, que l'avancement sur place doit être la règle et non pas l'exception ». On peut ajouter qu'un usage plus fréquent du personnel indigène dans les services locaux permettrait de supprimer en grande partie la pratique du congé avec séjour en France.

Viennent ensuite les services des marchés et du service administratif des colonies dans les ports de commerce.

La réforme de 1900 aurait dû s'occuper d'eux. Le service des marchés en effet s'occupe des approvisionnements 1° de l'administration centrale. 2° des budgets locaux ; cette seconde partie de leurs fonctions devrait être supprimée et alors le service des marchés rentrerait modestement dans le rang à côté des autres services de l'administration centrale

(Chapitre 1 et 2). Quant aux services des ports de commerce, ils verraient une bonne partie de leurs attributions disparaître du même coup car ils sont dans ces ports les représentants du service des marchés ; il y aurait lieu alors de refuser aussi au service des ports de commerce les honneurs du chapitre et de le faire figurer parmi les « frais accessoires aux dépenses civiles » (Chapitre 10).

Mais pour légitimer cette modification il faut montrer que le service des marchés ne doit pas s'occuper des approvisionnements des budgets locaux. Eriger ainsi le service des marchés des colonies en service de souveraineté relatif a de grands inconvénients. Pourquoi d'abord faire payer à la métropole le service d'achats des colonies ? Puis, cela revient très cher. Nous avons déjà (page 15) énuméré brièvement les effets de ce système en le comparant à l'organisation anglaise où les crowns-agents, ayant leurs bureaux au Colonial office mais représentants directs de la colonie qui les paie, se chargent des achats moyennant une commission de 1 o/o sur les factures. Or ces effets du système français sont peu brillants : retards considérables dans les livraisons, nombreuses marchandises avariées ou perdues, déplacement ou plutôt suppression des responsabilités, frais considérables de manutention, etc...

Donc le service des marchés pour les colonies ne devrait pas être organisé en service de souveraineté.

Il va sans dire qu'une fois la décentralisation adoptée, il faudrait éviter les accaparements possibles des marchés locaux par certains négociants et sauvegarder la production métropolitaine qui ne doit pas être mise à l'écart ; mais il ne s'agit là que de précautions à prendre.

2° *Dépenses supprimées.* — Nous ne mentionnons ces crédits que pour mémoire, leur procès étant fait d'avance. Ce sont des services coloniaux qu'il ne faut pas ériger en services de souveraineté relatifs, car ils n'intéressent pas directement la métropole, puis l'organisation d'un de ces services en service centralisé n'a d'autre résultat que de donner à la colonie une institution mal appropriée et coûteuse.

Même il est à souhaiter que nos possessions d'outre-mer puissent et veuillent modifier l'organisation de ces services nouvellement localisés et à ce sujet nous avons à rechercher si un essai de réforme a été tenté depuis la loi de 1900. C'est là un point des plus importants. Sans doute il s'agit là d'une question d'autonomie administrative mais qui, comme nous avons eu l'occasion de le faire remarquer, vient en complément de la réforme de 1900. Ces réformes administratives pourraient avoir pour conséquence de notables économies d'abord en substituant dans la mesure du possible au fonctionnaire européen le fonctionnaire indigène auquel on n'aurait pas — outre le congé avec séjour en France — à fournir d'indemnité coloniale ; puis en diminuant le nombre des fonctionnaires par la suppression des rouages inutiles.

Pour ne rappeller qu'un seul exemple : nos trois vieilles colonies, outre des tribunaux de première instance et de justice de paix, possèdent chacune une Cour d'appel composée d'un président à 14.000 fr., de 7 conseillers à 10 000 fr., d'un procureur général à 18.000 fr. sans compter les greffiers et les commis. Et quels en sont les résultats ? c'est à peine si ces Cours d'appel jugent de 20 à 25 affaires civiles par an.

Jusqu'ici malheureusement, ainsi que le constate le rapport de cette année « les économies réalisées sont encore bien insuffisantes et on n'a rien fait pour simplifier les organismes de l'administration ». Il y a déjà eu cependant des économies de réalisées. En parlant de la Guadeloupe le rapporteur dit : « Il y a un certain nombre d'articles du budget local sur lesquels des réductions ont été opérées. Par exemple, au chapitre 31 (Gouvernement général colonial) j'ai constaté une économie de plus de 13.000 fr. sur une dépense qui, l'année dernière se montait à 87.000 fr. ; sur les dépenses de la Justice et des Cultes qui, l'année dernière s'élevaient à 613.000 fr., j'ai constaté avec satisfaction une économie de 35.311 fr. J'en pourrais citer d'autres ».

Et cette chasse à l'économie ne peut dans les années qui vont suivre que devenir plus active. Car outre que la colonie qui, dès lors qu'elle paie, a intérêt à demander des économies, l'Etat est là pour l'y inciter ; l'Etat, comme nous allons le voir maintenant, tient à se rendre compte, avant d'accorder une subvention, si celle-ci est légitimée par l'absence au budget local de toute prodigalité.

16. Les subventions.

A. Subventions globales.

	1902	1901	1900 (ancien régime)
	—	—	—
Martinique........	518.000	618.000	»
Guadeloupe.......	810.000	840.000	»
Réunion..........	340.000	440.000	»
Guyane...........	220.000	260.000	»
St-Pierre-Miquelon.	80.000	95.000	»
Nlle-Calédonie.....	500.000	675.000	»
Inde	139.000	205.000	»
Mayotte	20.000	26.000	13.000
Taïti.............	240.000	274.000	80.000
Côte des Somalis...	200.000	205.000	300.000
Congo............	500.000	500.000	2.078.000
Madagascar.......	700.000	1.330.000	1.700.000
Total...	4.267.000	5.493.300	4.171.000

Ces chiffres montrent d'abord que du fait de la réduction au strict minimum des dépenses de services de souveraineté, les subventions ont pris en 1901 une grande extension.

En 1900, 5 colonies au lieu de 12 recevaient des

subventions et si l'on excepte le Congo et Madagascar placés dans une situation exceptionnelle, le total de ces subventions ne dépassait pas 500.000 fr.

Seconde constatation : les subventions de 1902 ont subi de notables diminutions sur celles de 1901 et présentent une différence d'environ 1 million en moins.

Ce résultat satisfaisant s'explique par la façon dont s'établit la subvention qui est un précieux agent d'économie. La subvention, dont nous avons au début indiqué les avantages, est remise chaque année en question, soigneusement discutée ; la subvention globale est disséquée et chacun de ses éléments doit se justifier. De plus il ne suffit pas que les crédits pour lesquels on fait appel à la métropole soient légitimes, il doit être bien démontré que la colonie est dans l'impossibilité absolue de les solder, que le budget local, établi sagement, ne renferme pas par exemple d'importants crédits pour pensions ou gratifications.

Ce droit d'active surveillance que donne à l'Etat le fait de fournir une subvention est des plus justes ; il a d'ailleurs été mis en lumière lors de la discussion du budget colonial cette année, à la Chambre des députés. M. le Rapporteur proposait une réduction de la subvention de la Nouvelle Calédonie parce que le conseil général pouvait, par une révision sévère du budget local, trouver de notables économies. M. le député le Hérissé s'écria alors : « Ce n'est pas une raison pour diminuer les subventions ! » Et M. le Rapporteur de répondre :

« Je pense le contraire mon cher collègue. Je com-
« prends très bien qu'une colonie fasse des libérali-
« tés à ses fonctionnaires, mais à la condition que ce
« ne soit pas aux frais des contribuables métropoli-
« tains. Nous avons le devoir, en calculant les sub-
« ventions à attribuer aux colonies, de les propor-
« tionner à leurs véritables besoins, et non aux pro-
« digalités qu'il plaît aux conseils généraux de
« voter ».

Mais ce droit de contrôle qui peut être si utile est-il exercé sérieusement ? Il n'y a pas de meilleure réponse à faire que de détacher du rapport de la Chambre de 1902 l'exposé des motifs de la première subvention :

CHAPITRE 19. — Subvention au budget local de la Martinique.

Crédit alloué pour 1901, 618.000 fr.	
Crédit demandé pour 1902	600.000
Crédit proposé par la commission	500.000
Diminution	100.000

Nous abordons avec ce chapitre les subventions aux colonies.

La réduction de 18.000 fr. que le Gouvernement propose de faire subir à celle qui est allouée à la

Martinique nous a paru tout à fait insuffisante et nous l'avons élevée à 118.000 fr.

Dans une précédente partie de ce rapport, nous avons montré que la plupart des colonies pourraient se passer aisément de la subvention métropolitaine si elles ramenaient leurs dépenses de personnel à des proportions conformes aux besoins réels. Cela est surtout vrai de la Martinique, où d'importantes réductions pourraient être opérées sans compromettre la marche des services. Les frais de recouvrement des divers impôts, par exemple, y atteignent de 22 à 28 p. 100 de la recette. N'est-ce pas excessif ? Les dépenses de l'instruction publique absorbent plus de 1 million ; nous ne contesterons pas l'importance de ce service, mais nous pensons qu'on pourrait l'organiser d'une manière moins dispendieuse. Nous pourrions en dire autant d'autres services, notamment du service judiciaire.

La commission des budgets locaux avait, dans sa séance du 19 mai 1899, émis l'avis que la Martinique pouvait prendre à sa charge l'ensemble de ses dépenses civiles. On ne peut donc pas dire qu'en réduisant de 118.000 fr. la subvention qu'elle recevra en 1902 nous risquions de lui imposer un fardeau au-dessus de ses forces, etc.

Et ainsi pour chaque colonie (1).

(1) Voir *Documents parlementaires*, pages 125 et suivantes, 1902.

Dans ces conditions, des abus comme ceux que nous venons de constater en parlant de la Justice ne sauraient subsister longtemps, et cette organisation des subventions est, on le comprend, le pivôt même du système de l'autonomie. Toutes les dépenses normales sont dans cette théorie à la charge de la colonie et si celle-ci ne peut y suffire, on lui accorde une subvention ; mais comme du fait de la subvention la métropole exerce sur le budget local un contrôle des plus sévères, la subvention est appelée à diminuer progressivement, à disparaître et alors l'économie réalisée par la métropole, autrefois écrasée avec le système de l'assimilation, apparaît considérable et sans préjudice pour la colonie.

B. Subventions particulières.

	1902
Services des phares de Saint-Pierre et Miquelon	31.300
Subvention au budget annexe des chemins de fer et port de la Réunion	2.292.000
Subvention au budget annexe des chemins de fer de Kayes à Niger	668.000
Chemin de fer de Dakar à St-Louis	225.000
Subvention extraordinaire à l'Inde-Chine pour travaux publics	250.000

Ces différentes subventions organisées en chapitres distincts devraient être incorporées dans la subvention globale de leurs colonies respectives. Il faut, dira-t-on, que ces crédits soient mis en vedette ; d'accord, mais ils ne seraient pas étouffés le moins du monde dans la subvention globale qui chaque année est remise en question et discutée en détail, avec le plus grand soin.

Si les phares de Saint-Pierre et Miquelon étaient entretenus par un prélèvement opéré sur la subvention fournie à la colonie chaque année, l'exposé des motifs contiendrait une phrase comme celle-ci : Çette subvention comprend d'abord l'entretien des phares. La métropole assume cette charge parce que ce service intéresse la navigation générale ; cet état de choses date de longtemps et a été consacré par le décret du 2 avril 1885, etc. Ce serait suffisant, Ce serait aussi beaucoup plus logique et en examinant la subvention accordée à la colonie, le rapporteur ne serait pas obligé comme l'a été celui de 1902 pour la Réunion, de terminer ainsi :

« Il ne faut pas oublier que la métropole verse, « outre la subvention au budget local de la Réunion, « une autre subvention au budget annexe du che- « min de fer et du port d'environ 2 millions et demi, « et *qu'il faut faire état de cette dernière* dans le « calcul des sacrifices que l'Etat s'impose pour la « colonie ».

Ces différentes subventions sont relatives à des travaux publics. Sans doute à première vue, il semble que le travail public constitue un service purement local et qu'il n'a rien à voir avec les dépenses de souveraineté ; mais le travail public, le travail type par exemple qu'est la construction d'un chemin de fer demande des capitaux considérables et la colonie, la jeune colonie surtout est impuissante à l'entreprendre avec ses seules forces. Alors l'Etat qui a un intérêt direct, un intérêt stratégique et commercial à ce que le travail public soit exécuté le plus tôt possible, interviendra.

Dans quelle mesure doit-il intervenir ?

1re *hypothèse.* — L'Etat ne doit d'abord intervenir que s'il n'y a pas moyen de faire autrement, or assez souvent la colonie pourra s'en tirer à elle seule.

En ce qui concerne l'établissement d'un chemin de fer, si la colonie est capable d'établir elle-même l'infra-structure, elle n'aura qu'à faire appel pour le reste à une compagnie concessionnaire. Et la convention sera d'autant plus aisée à conclure que la colonie peut offrir à la compagnie, outre les avantages de l'exploitation de la ligne pendant une durée déterminée, des concessions de terrain. Un exemple remarquable de cette méthode nous est actuellement fourni par le Dahomey : « Un décret du 26 juin 1901 « a accordé la concession d'un chemin de fer de « Cotonou à Tchourou avec embranchement sur

« Ouida. La colonie construit l'infra-structure ; le « concessionnaire exécute la super-structure, fournit « le matériel roulant fixe, et se charge de l'exploita- « tion à ses risques, moyennant une subvention de « 2000 fr. par kilomètre exploité pendant huit ans, « des concessions territoriales et un permis général « d'exploitation des mines sur toute l'étendue des « territoires dont la jouissance est attribuée au « concessionnaire » (*Journal officiel* du 3 août 1901).

Un pareil système est des plus séduisants et tend à se propager ; au sujet du chemin de fer de pénétration en Guinée, une compagnie a proposé des conditions rappelant la convention du chemin de fer du Dahomey. Ce système n'est pourtant pas parfait : il a le grand tort de permettre trop facilement à la compagnie de se tailler dans le domaine de la colonie une part royale. La concession de terre n'est légitime que lorsqu'elle est limitrophe de la voie ferrée car alors elle s'explique et se justifie par la théorie des industries latérales (1).

1. Cette théorie appliquée pour la première fois en Amérique part de cette idée qu'une entreprise de transports peut être heureusement fortifiée par la création d'une industrie s'y rattachant immédiatement dans la suite des opérations industrielles et commerciales, ainsi : la compagnie de chemin de fer établira un hôtel Terminus. Supposons qu'on ait accordé à la compagnie une bande de terre le long de la voie, le chemin de fer sera alors assuré de trouver dans les produits des

2e *hypothèse.* — Supposons maintenant que l'Etat soit obligé de venir au secours de la colonie. Il pourra d'abord intervenir par des conventions particulières lui permettant d'échelonner ses secours sur une longue durée. Ce système a été généralement adopté chez nous pour les chemins de fer coloniaux. Par exemple l'Etat est intervenu pour le chemin de fer de la Réunion ou pour celui de Dakar à St-Louis, en accordant, comme il l'avait fait d'ailleurs pour les chemins de fer de la métropole, des garanties d'intérêt. Mais l'expérience n'a pas été satisfaisante ; la plus grande économie n'a pas toujours présidé à ces importants travaux publics coloniaux et l'Etat qui s'est trouvé lié par les conventions a dû rembourser des sommes considérables (1).

Il est bien préférable que l'Etat accorde une subvention pure et simple qui, une fois donnée, le laisse libre et fait peser toute la responsabilité sur la colonie. C'est la solution employée pour nos tra-

terrains une marchandise à transporter ; par contre l'exploitations des terres deviendra florissante parce que les produits auront, grâce au chemin de fer, un écoulement rapide (Voir Cours économie coloniale de M. Léveillé, année 1901).

1. Pour préciser il faudrait étudier en détail les diverses conventions conclues le 30 octobre 1880 (chemin de fer de Dakar à St-Louis) et le 19 février 1877 (chemin de fer et port de la Réunion). Cette étude dépasserait le cadre de notre sujet. Consulter Bouvard : du concours financier de l'Etat dans les travaux publics aux colonies (*Thèse de doctorat.* Paris, décembre 1899).

vaux publics dans l'Inde (chapitre 29). C'est aussi celle employée par l'Allemagne qui consent aux plus grands sacrifices pour les travaux publics coloniaux, ainsi que l'indique le tableau suivant du budget colonial allemand de 1901.

Colonie	Total des dépenses	Montant des subventions pour travaux publics	Objet
Togo	1.448.000 marks	698.000 marks	Appontement au coût total de 800.000 m.
Cameroun	3.788.000 m.	2.192.000 m.	Garde-côte, éclairage de la côte, routes
Sud-ouest africain	10.727.000 m.	9.378.600 m.	Chemin de fer
Afrique orientale	12.349.090 m.	9.117.000 m.	Chemin de fer

Ainsi donc pour un budget de 28.300.000 marks on trouve pour 21.300.000 marks de travaux publics!

3e *hypothèse.* — Mais tous les Etats ne peuvent consentir à de pareils sacrifices pour les travaux publics coloniaux et lorsque les colonies ne peuvent comme dans la première hypothèse, les exécuter à l'aide de leurs seules finances, il y a un troisième moyen fort usité dans les possessions anglaises où il a donné de bons résultats ; ce moyen, c'est l'emprunt et l'emprunt le plus libre possible (1).

Si la colonie est nouvelle et son crédit non suffisamment établi, il est évident que l'Etat fera bien d'accorder sa garantie. C'est le moins qu'il puisse faire afin d'éviter à la colonie de contracter à des taux trop onéreux.

D'autre part, les colonies pour plus de commodité pourront s'adresser à des caisses publiques. Plusieurs de nos possessions d'outre-mer, à maintes reprises se sont adressées à la caisse des Retraites pour la vieillesse. La caisse des Dépôts et Consignations a prêté soit à la Guadeloupe, à l'Inde, au Soudan, à la Guinée ou au Congo plus de 15 millions et demi

Mais la colonie peut et doit aller plus loin : sans admettre absolument le système des colonies anglaises chez lesquelles l'emprunt est des plus fréquents et apparaît comme une simple opération de banque (c'est le régime de la libre concurrence, emprunt conclu par voie d'adjudication avec soumissions cachetées) il faut reconnaître qu'il est désirable que la colonie s'adresse directement au public.

1. Dans sa séance du 3 août, le congrès colonial international de 1900 a émis le vœu suivant : Les gouvernements doivent encourager les colonies à emprunter directement les fonds dont elles ont besoin pour leur outillage économique (ports, canaux, routes, chemins de fer) avec ou sans garantie de la métropole.

Tout récemment l'Indo-Chine a lancé un emprunt de 200 millions destinés à la création d'un réseau de voies ferrées et il a fort bien réussi.

Les avantages de ce procédé sont incontestables : avec l'emprunt direct, la colonie se sentira plus forte, l'Etat plus libre et les capitaux métropolitains trouveront un emploi plus audacieux mais aussi plus rémunérateur.

C. Question des câbles sous-marins.

Subvention à diverses compagnies de câbles sous-marins : Câble du Tonkin, câble de la Guyane, câble Calédonie-Australie, câble Obock-Périn, câble Majunga-Mozambique).

1898 = 707.500 fr. (Angleterre 1.677.500 fr.).

1901 = 762.500

1902 = 794.500 (en réalité 594.500 + 200.000 fr. au budget des postes et télégraphes).

Le travail public que constitue l'établissement d'un câble sous-marin intéresse spécialement la métropole ; il s'agit là de dépenses de souveraineté absolues et non relatives. On ne peut pas dire en effet que la colonie a un intérêt immédiat à avoir des communications inter-maritimes et qu'elle devrait, si elle constituait un état libre, subventionner dans l'intérêt de son commerce extérieur la compagnie qui établirait un câble. Ce besoin de communication rapide plus ou moins impérieux d'ailleurs selon le degré de civilisation de la colonie, serait satisfait lorsque la colonie serait reliée au pays le plus voisin, sans distinction de nationalité.

Or, l'établissement des câbles sous-marins a un tout autre but : il tend à relier la colonie à la métropole soit directement soit par l'intermédiaire d'une ligne de même nationalité.

M. Pauliat rapporteur de Sénat en 1901 déclare « l'établissement des câbles sous-marins est une entreprise nationale et parfois internationale, aussi ne s'explique-t-on pas que l'Etat réclame la participation des colonies ». Quelques temps auparavant du reste, l'article 30 de la loi de Finances de 1900 venait de supprimer la subvention de 1.475.000 fr. de l'Indo-Chine au câble du Tonkin.

Le service des câbles ne constitue pas seulement un service de souveraineté, il constitue un service de souveraineté très important.

Les Anglais s'en sont bien rendu compte et aujourd'hui dans nos communications avec les colonies, nous sommes obligés de recourir à l'intermédiaire des lignes britanniques qui peuvent apporter des retards dans la transmission des dépêches ; qui peuvent — c'est une hypothèse à prévoir — interrompre brusquement les communications ; ou encore — cette fois l'hypothèse s'est réalisée — propager de fausses nouvelles. La plupart de nos colonies sont dans cette situation qu'elles ne connaîtraient la déclaration de guerre que par l'attaque des navires ennemis.

Cette année particulièrement on s'est préoccupé tant à la Chambre qu'au Sénat d'un tel état de choses, et la question des câbles sous-marins, lors de la discussion du budget colonial, a donné lieu à un certain débat. Enfin dans la séance du 25 mars 1902, après une interpellation de l'honorable M. Meyer, la Chambre a voté une motion invitant le gouvernement à hâter l'établissement d'un câble Brest-Dakar.

17. Dépenses militaires.

	1902	Contribution des colonies (1901)	
1) Dépenses militaires dans les nouvelles colonies (Indo-Chine, Madagascar, Chari, Afrique occidentale)	62.200.000	Indo-Chine	10.285.794
2) Dépenses militaires dans les autres colonies (troupes, vivres et fourrage, matériel...............	14.600.000	Guinée....	10.000
3) Dépenses militaires spéciales (défense des colonies, commissariat, service hospitalier, inscription maritime)......................		Côte-d'Ivoire	10.000
	18.300.000	Dahomey...	10.000
Total.	95.000.000	Total.	10.315.000
Total en 1901.	91.000.000		

A. Critique de l'organisation militaire coloniale. — La première remarque à laquelle ces chiffres donnent lieu c'est que nos dépenses militaires coloniales sont considérables : près de cent millions. Quelle en est la raison ? est-ce que les services militaires ont comme les services civils une organisation trop dispendieuse ? Non, car à l'heure actuelle cette organisation est à peu près satisfaisante. A peu près, car un examen attentif d'un budget aussi considérable permet toujours de découvrir des économies de détail à réaliser. Le rapporteur pour la Chambre en 1902 signale même deux réformes possibles de grande importance.

La première concerne la suppression des accessoires de solde. Maintenant que nous entrons décidément dans la période pacifique, il serait bon de supprimer tous ces suppléments de traitements : indemnités d'entrée en campagne, de séjour, de marche, de fonctions etc., les unes favorisant telle colonie et non la voisine, qui s'accumulent et finissent par former des millions (1). Le Ministre des colonies a d'ailleurs déclaré l'année dernière à la Chambre qu'il avait constitué une commission chargée de la révision des accessoires de soldes.

La seconde réforme concerne les vivres qui coûtent une vingtaine de millions par an.

Presque partout sauf à Madagascar, on emploie le système de la « ration en nature » ; les troupes se suffisent à elles-mêmes et se nourrissent de denrées venues de France.

1. L'indemnité de marche et de transit à Madagascar seule coûte à l'Etat plus de 1 million.

Dans un récent rapport, M. le colonel Toutée montre les inconvénients d'une telle pratique à la fois coûteuse et peu hygiénique. Il faudrait s'habituer à voir dans la ration un expédient et non un régime, on ne devrait employer la ration que là où on ne trouve rien à manger (1).

Citons maintenant la grande réforme des services militaires demandée depuis longtemps et qui vient seulement d'être effectuée : la création de l'armée coloniale. Proposée dès 1876 par M. le baron Reille député, l'armée coloniale n'a été constituée que par la loi du 7 juillet 1900. Les nombreux projets déposés les années qui précédèrent n'avaient point abouti, parce que si tout le monde était d'accord pour donner l'autonomie aux troupes coloniales, les unes voulaient qu'elles fussent rattachées à la marine, d'autres aux colonies, ou encore — et c'est ce troisième avis qui a prévalu — à la guerre.

Il ne nous appartient pas ici de discuter ce point ni d'examiner si la solution adoptée est la meilleure ; acceptons l'état de choses créé et indiquons simplement quels sont, au point de vue budgétaire, les avantages de l'armée coloniale.

Avant l'unification, le dualisme des administrations de la guerre et de la marine entraînait des gas-

1. Remarquons en passant que la disparition de l'emploi général de la ration réduirait considérablement les services des marchés dont nous avons souhaité la suppression.

pillages d'argent. Il y avait nombre d'officiers qui touchaient des crédits à la marine par exemple, et aussi aux colonies. Il y avait certains corps qui, jouissant d'une complète indépendance, avaient peut-être pris une trop grande extension. Le docteur Bonafy (1) cite ainsi le service de l'intendance aux colonies où l'on trouve 16 commissaires pour une brigade de 6.000 hommes, là où en France la guerre met tout au plus un intendant (2).

La création d'une armée coloniale homogène permettra aussi de donner une plus large extension à l'emploi des troupes indigènes ; l'expérience a montré que nos colonies, principalement nos colonies africaines pouvaient nous fournir de bons soldats, qu'on n'est pas obligé de ramener souvent en France et qui coûtent peu comme solde et comme nourriture.

Enfin — et surtout — la loi du 7 juillet 1900 a fait du

1. Voir *Journal officiel, Docum. Parl.* chambre, 1899, page 1566.

2. Le corps du commissariat doit cependant conserver une certaine indépendance vis-à-vis du commandement : « Placé hiérarchiquement sous l'autorité militaire, le commissaire colonial, se demande M. Bienvenu Martin dans son rapport, n'aura peut-être plus assez de liberté pour administrer avec économie les deniers dont la gestion lui est confiée ».

Cette crainte semble chimérique : en France aussi l'intendance est subordonnée au commandement militaire, puis l'article 54 de la loi de Finances 1901 — il ne faut pas l'oublier — établit nettement que l'inspection des colonies exerce son contrôle supérieur sur les troupes coloniales comme sur les services financiers et civils.

budget militaire colonial un budget complet, sans dépenses disséminées soit au budget de la guerre, soit à celui de la marine, ce qui facilite le contrôle parlementaire.

B. Critique de l'article 33. — L'examen des chiffres cités plus haut montre en second lieu les inconvénients de l'article 33 en ce qui touche les dépenses militaires. Le système des contingents aboutit à ce résultat que les charges de la métropole et de la colonie sont réparties de la façon la plus arbitraire. Nous voyons en effet que pour 1901 le métropole paie les 91/100 des dépenses. Pourquoi autant ? Quant à la part des colonies, elle se distribue ainsi : sur 21 colonies françaises 4 seulement servent un contingent et sur ces 4 l'Indo-Chine à elle seule fournit les 99/100. On pourrait aussi remarquer si l'on voulait approfondir, qu'on demande justement un contingent au Dahomey qui est une colonie ne recevant pas de subvention et où il n'y a pas de troupes.

Un pareil système de contingents constitue, pour nous qui avons rejeté tout lien d'étroite solidarité entre métropole et colonies, une véritable injustice.

Mais l'organisation de l'art. 33 a un autre inconvénient ; il ne fait aucune division entre les services militaires, or il y a une importante distinction à faire entre les services militaires de conquêtes et les services militaires ordinaires ou de défense.

C. — Dépenses militaires de conquête. — Ce sont des dépenses de souveraineté absolues, ayant un intérêt purement national. La métropole, sans avoir à demander l'avis de la colonie, tend à accroître son domaine elle seule doit en supporter les conséquences budgétaires ou autres.

Certes l'idée de faire payer à la nouvelle colonie une partie des dépenses militaires effectuées sur son propre territoire, dans le but d'en reculer les frontières, est des plus séduisante, surtout qu'au début le Gouverneur est maître des finances locales. Mais c'est là une tentation à laquelle il est préférable de résister et l'observation scrupuleuse des principes, ici comme sur bien d'autres points ; aboutit encore aux meilleurs résultats pratiques.

Ces charges plus ou moins lourdes imposées à la colonie ont d'abord pour conséquence de mettre souvent ses finances dans une situation précaire. Si actuellement le Congo traverse une crise financière, cela tient en grande partie à ce qu'il a supporté une fraction importante des frais de la mission Marchand et de l'expédition du Chari. Est-il besoin d'ajouter qu'il serait bien préférable que la colonie consacre exclusivement ses premières ressources à l'entreprise de travaux publics ?

Par rapport à la métropole, ces contributions à des expéditions peuvent tromper le Parlement qui en accordant l'autorisation d'entamer une conquête n'a pas été amené à considérer comme des frais proprement dits ces subsides locaux qui viennent cependant accroître d'autant les crédits demandés.

Or; on ne peut nier que souvent le Parlement n'aït eu la main forcée par le gouvernement Voilà 6 ou 8 ans que les rapporteurs déclarent que la période de conquête est terminée.

En 1896, M. Siegfried écrivait en parlant du Congo : « il est prudent de ne plus étendre notre domaine colonial dans ces contrées mais de nous appliquer à l'utiliser au profit de nos intérêts commerciaux et industriels ». Le Congo a continué de s'accroître et nous aboutissons aujourd'hui au lac Tchad.

Il est donc bon de ne pas admettre de subventions des colonies pour les frais de conquêtes, car cela ne ferait qu'encourager une politique qui consiste à aller continuellement de l'avant sans s'inquiéter de la valeur des nouvelles acquisitions et sans songer à tirer un parti immédiat des premiers pays occupés.

D. — Dépenses militaires ordinaires ou de défense. — Ces dépenses doivent rentrer aussi dans la catégorie des dépenses de souveraineté, mais de souveraineté relative. Est-ce que si la colonie formait un état libre une organisation militaire capable de la défendre ne serait pas indispensable ? On conçoit fort bien comment se présenteraient les services militaires localisés : chaque colonie aurait une garnison en rapport avec son étendue et sa population ; elle se couvrirait d'ouvrages de défense, protégeant ses forts, gardant ses vallées, utilisant ses montagnes. En cas de guerre la colonie, surtout s'il s'agit d'une île, se trouverait dans la situation d'une place forte, devrait se défendre jusqu'à la dernière extrémité ou, pour envisager une hypothèse moins sombre, jusqu'à ce qu'un secours de la métropole lui arrive.

Est-on au contraire partisan des services centralisés ? On songe qu'il n'y a de possible qu'une guerre générale faite à la métropole et englobant non pas une, mais toutes les colonies, d'où l'utilité d'avoir une organisation centralisée permettant l'application rigoureuse d'un plan d'ensemble Dans cette seconde conception, telle colonie importante, riche et prospère, mais très éloignée ou indéfendable sera complètement sacrifiée pour cette impérieuse raison qu'il ne faut pas éparpiller ses forces. Par contre, telle petite colonie, placée sur la route de nos vaisseaux, rocher abritant un précieux dépôt de charbon, sera peuplée de soldat et hérissée de canons.

C'est ce dernier système qui paraît convenir le mieux à notre époque et il est tout naturel dans ces conditions que chez nous les services militaires aient été organisés, pour avoir plus de force, en services de souveraineté.

Maintenant faut-il conclure selon la règle que ces dépenses militaires ordinaires doivent incomber entièrement à la métropole ? Non, il convient de faire exception ; les intérêts de la métropole et de la colonie sont ici intimement liés.

Pour les services civils on peut être partisan de la plus large autonomie, mais il y a lieu d'admettre que pour tout ce qui touche la guerre, les liens qui unissent métropole et colonie ne sauraient trop se resserrer : la poule qui laisse ses poussins chercher leur nourriture en liberté les rassemble au moment du danger. En face de la guerre éventuelle, métropole et colonie n'ont plus qu'un seul et même intérêt et toutes les parties du territoire français doivent participer par des dépenses communes à la défense de la patrie.

Il peut sembler que nous aboutissions ainsi à justifier l'organisation des services militaires selon l'art. 33. Nous admettons en effet que les rapports financiers entre la métropole et les colonies ne sont plus les mêmes pour les services civils que pour les services militaires.

Mais si nous reconnaissons le bien fondé de cette distinction c'est là le seul point sur lequel nous soyons d'accord avec l'article 33. Nous prétendons de plus : 1° qu'il faut faire un départ entre les dépenses de conquêtes et les dépenses militaires ordinaires ; les premières étant à la charge exclusive de la métropole ; 2° en ce qui concerne les autres nous repoussons le système de solidarité comme aboutissant à des résultats trop arbitraires. La participation des colonies doit être rigoureusement proportionnelle aux dépenses militaires y effectuées ; toutes les colonies doivent être traitées sur le même pied. L'institution des subventions, importantes ou minimes, accordées ou refusées, suffit amplement à différencier les colonies les unes des autres et à tenir compte des anomalies que peut présenter leur situation financière particulière : les dépenses militaires pèsent-elles trop lourdement sur une colonie ? l'Etat y remédiera très-facilement en accordant ou en augmentant la subvention.

Enfin cette participation proportionnelle s'effectuera soit en argent soit en nature et ce dernier procédé est particulièrement séduisant.

Certaines dépenses incomberaient naturellement à la métropole ; ainsi les travaux de défense : l'Etat en effet, songeant pricipalement à créer des points d'appui pour sa flotte, se place à un point de vue exclusivement personnel pour choisir les endroits à fortifier.

Réciproquement d'autres dépenses seraient très logiquement mises à la charge de la colonie, par exemple : le service des vivres. La colonie est des mieux placée pour gérer ces services le plus économiquement possible : supprimant les rations, procédant aux achats sur place ou encore donnant aux troupes — tout cela bien entendu selon les circonstances — des indemnités de vivres (1).

Avec les dépenses militaires s'achève le budget colonial. Il peut être intéressant de se demander à quelle somme d'après les observations contenues dans ce chapitre II pourrait s'élever le montant des économies réalisables dans notre budget français.

Or en résumé :

1° La plupart de nos colonies sont arrivées à un certain degré de développement, aussi, en opérant des réformes dans les budgets locaux qui contiennent des crédits parfois exagérés, pourrait-on arriver à la suppression des subventions surtout que celles-ci ont, sinon pour unique, du moins pour principale cause la récente et brusque restitution aux budgets locaux de certaines dépenses coloniales jusque-là considérées à tort comme dépenses de souveraineté (réforme de 1900).

2° L'ère de conquête est définitivement close. Les dépenses militaires correspondantes pourraient donc être considérablement réduites d'autant plus qu'une part de ces dépenses rentrerait dans les dépenses militaires ordinaires. Quant à ces dernières elles doivent encore donner lieu à une économie

1. Les Anglais aux Indes accordent aux Cipayes une indemnité de vivres de 0,10 seulement par jour.

notable et les colonies y participeraient davantage si elles fournissaient une contribution rigoureusement proportionnelle au lieu du faible et arbitraire contingent actuel.

Pour donner des chiffres approximatifs, supposons que les dépenses de conquêtes se réduisent d'un tiers et qu'un second tiers soit transporté aux dépenses militaires ordinaires. Supposons que la contribution des colonies à ces dernières soit de la moitié. Comme en 1902 on a eu :

Subventions	5	millions
Dépenses de conquêtes	60	—
— militaires ordinaires	30	—
Contingents militaires des colonies	10	—

Nous aurions donc :

Subventions	0.000.000
Dépenses de conquêtes	20.000.000
Dépenses militaires ordinaires	50.000.000
Contingents militaires des colonies	25.000.000

d'où économie d'une trentaine de millions c'est-à-dire sur un budget de 120 millions du *quart*.

18. — Dépenses coloniales hors budget.

Le budget du Ministère des colonies ne comprend pas d'autres dépenses mais on peut se poser cette question : « Existe-t-il des dépenses coloniales, supportées bien entendu par la métropole, non inscrites au budget colonial ? » Oui, mais elles sont moins nombreuses qu'autrefois. M. Girault (1) examinant le budget de 1894 relève 6 chefs de dépenses coloniales ne figurant pas au budget des colonies. Aujourd'hui si l'on excepte les primes destinées à assurer les services maritimes postaux entre la France et ses possessions d'outre-mer, plus une subvention de 200.000 fr. pour câbles sous-marins, inscrite — cette année seulement — aux postes et télégraphes, il n'y a plus qu'une seule mais importante dépense coloniale hors budget, nous voulons parler des pensions servies aux fonctionnaires coloniaux.

La catégorie des agents qui ont droit à ces pensions de l'Etat est très nombreuse ; elle ne comprend pas seulement les titulaires d'emploi qui avant la réforme de 1900 faisaient partie des services de souveraineté, le bénéfice de la pension a été étendu à une foule d'emplois créés par décret ou même par arrêté du gouverneur.

Il y a là une charge annuelle fort lourde pour le Trésor et qui devrait d'ailleurs être supprimée. Comme le fait remarquer M. Bienvenu Martin : « Si la pension de retraite n'est comme on l'a dit « qu'une sorte de traitement d'inactivité, elle doit « être payée par les budgets à qui incombent les « traitements proprement dits ».

1. Législation coloniale, page 287.

L'Etat ne doit de pension qu'à ses propres serviteurs (1).

Nous avons cette fois bien achevé de passer en revue les différentes dépenses de souveraineté. Il convient de rappeler en terminant que la liste des dépenses de services de souveraineté doit-être ainsi composée :

Dépenses civiles.

1° Dépenses de l'administration centrale ;

2° Inspection des colonies ;

3° Frais de propagande (missions, écoles coloniales, émigration, secours) ;

4° Frais accessoires aux dépenses civiles des colonies ;

5° Dépenses pour câbles sous-marins.

Dépenses militaires.

1° Dépenses de conquêtes ;

2° Dépenses ordinaires.

Avec cette remarque qu'il y a lieu d'admettre pour les dépenses de l'émigration (frais de passage) et pour les dépenses militaires ordinaires une participation proportionnelle de la colonie.

1. Cette réforme a déjà été opérée en Indo-Chine. A partir du 1er janvier 1899, les fonctionnaires et employés des services locaux de l'Indo Chine ne touchent plus de pensions servies par le Trésor ; leur retraite est fournie par une caisse locale (article 43 loi de Finances 1898).

APPENDICE

Nécessité des dépenses de souveraineté

CHAPITRE UNIQUE

19. Colonisation moderne. — 20. Les compagnies de colonisation. — 21. Les budgets mixtes.

Il s'agit bien moins de savoir si oui ou non les dépenses de souveraineté sont nécessaires que de rechercher quelle est leur importance et quels sont les procédés proposés en vue de les atténuer.

19. Colonisation moderne.

Actuellement les dépenses de souveraineté sont nécessaires ; nous disons « actuellement » parce que, autrefois, coloniser rapportait aux Etats au lieu de leur coûter. Aujourd'hui, on ne traite plus la colonie à la façon d'un fruit que l'on suce pour le rejeter après complet épuisement ; le procédé est tout autre. on ne songe plus à sacrifier à un intérêt immédiat et tangible, étroitement égoïste, le développement même de la colonisation ; on a pensé que l'intérêt personnel bien compris de la métropole lui commandait de rejeter la politique d'assujettissement qui selon le mot de M. Girault (1) « mange volontiers son blé en herbe et tue la poule aux œufs d'or ».

De nos jours, on n'impose plus de tribut aux colonies et il n'est pas une seule métropole qui ne soit grévée de ce minimum de dépenses de souveraineté qu'occasionnent les services de l'administration centrale coloniale ; de plus on accorde aux colonies de larges subventions.

En effet, bien loin d'épuiser leurs colonies, les peuples modernes travaillent à les améliorer, ils tendent à les amener à cet état de civilisation suffisant pour que le plus de relations commerciales possibles puissent se nouer entre elles et la métropole. Pour cela par exemple, il faut doter les colonies de l'outillage si coûteux de l'industrie des transports. Ajoutons que la rivalité des nations les oblige à se hâter dans cette mise en état des possessions d'outre-mer, ce qui accroît d'autant leurs sacrifices. Mais apportons quelques faits.

Est-il besoin d'abord de faire remarquer que l'ancienne colonisation n'est plus guère possible? Cuba, qui soutint pendant tout ce siècle une lutte achar-

1. Voir le développement de ces idées dans son ouvrage de législation coloniale page 49.

née sans craindre de ruiner ses riches plantations, lutte qui durerait encore si les Etats-Unis n'étaient pas venus la soustraire à l'influence espagnole, Cuba montre nettement qu'une colonie moderne, consciente d'elle-même, ne peut accepter d'être mise en coupe réglée. Et les Etats non plus n'en veulent pas ; les Hollandais depuis 1860 ont mis fin au système des cultures forcées du général Van den Bosch ; comprenant qu'une colonie ne peut être conduite comme une simple ferme, ils ont spontanément renoncé à une organisation qui leur rapportait des biens coloniaux de 42 à 150 millions (1).

Maintenant avec la colonisation actuelle, il est impossible de se passer des subventions de la métropole. M. de Bismarck en tenta l'expérience ; le résultat ne se fit pas attendre : en 1892, malgré ses efforts, cet homme d'Etat n'avait pu éviter que notamment pour la colonie de l'Afrique orientale un crédit de 3.500.000 marks ne soit inscrit au budget métropolitain.

M. Leroy-Beaulieu faisant cette constatation, s'écrie : « l'idée que l'on peut en quelque sorte civi-« liser l'Afrique ou tout au moins en développer les

1. Voir P. Leroy-Beaulieu, colonisation moderne. On sait que ce système des cultures forcées consistait à imposer aux habitants par l'intermédiaire de chefs indigènes intéressés, la culture de denrées fort prisées sur les marchés d'Europe, comme le café ; on prélevait ensuite le 1/5 de la récolte comme impôt en nature.

« richesses naturelles sans prendre toute la direction « économique et politique des peuplades africaines « est bien une idée de M. de Bismark ».

Citons encore l'exemple de l'Etat indépendant du Congo ; cet état extrêmement curieux au point de vue international n'a pas de répondant direct en Europe ; il a donc pu éviter les dépenses de souveraineté ? Du tout, il n'a pu subsister que parce que le roi des Belges lui a avancé personnellement des sommes considérables.

Mais la nécessité des secours financiers de l'Etat une fois admise, on peut encore discuter sur l'importance de ces subventions, on dira, qu'elles ne sont indispensables que pendant la période de formation Alors, quand la colonie arrive à un certain degré d'évolution, l'attache financière qui la lie à la métropole peut et doit être cassée. La colonie ne dépendra plus financièrement que d'elle-même ; ce système a pour lui l'appui de la consécration anglaise ; la Grande-Bretagne ne garantit pas les emprunts de ses colonies dites responsables.

Cette façon de voir est des plus légitime, mais on peut penser, et nous sommes de cet avis, que la métropole doit toujours se considérer comme responsable des finances de ses colonies. Elle exerce toujours au point de vue administratif certains droits de souveraineté ; dans les colonies anglaises responsables par exemple, le gouverneur a encore un droit de veto.

Parallèlement dans l'ordre financier doit donc subsister le devoir de souveraineté d'assistance.

Nous concluerons volontiers en insistant sur l'intérêt qu'il y a à ce que le lien financier qui unit la métropole à la colonie ne soit jamais rompu. Agir ainsi c'est sinon éviter, du moins retarder pour longtemps l'émancipation complète de la colonie.

20. Les compagnies de colonisation.

En réalité tous les hommes d'Etat pensent comme M. de Bismarck et voudraient avoir des colonies sans payer beaucoup de dépenses de souveraineté ; et puisque la colonie ne peut se suffire à elle-même, on a cherché des systèmes capables de fournir à la colonie les secours financiers dont elle a besoin, sans que pour cela il en coûte à la métropole.

Le premier moyen consiste à créer des compagnies de colonisation ; point n'est besoin d'expliquer ce système bien vieux qui consiste, pour l'Etat, à laisser des compagnies coloniser à leurs frais, mais à son profit.

Aujourd'hui il faut diviser les compagnies de colonisation en deux classes : les compagnies souveraines, compagnies à charte, et les simples compagnies commerciales.

A. Compagnies à charte. — De nos jours, un exemple frappant des compagnies souveraines nous est fourni par la fameuse compagnie anglaise du Niger qui a acquis à son pays d'immenses territoires, luttant avec succès contre la pénétration officielle de la France. La compagnie souple et intriguant dans l'ombre est beaucoup plus forte que l'Etat qui, un beau jour, n'a qu'à accepter, au grand étonnement de l'univers, les domaines conquis (1).

Remarquons d'abord que la compagnie à charte ne peut suffire à toute la colonisation, mais seulement à l'établissement d'une colonie. Dès que cette dernière possède un rudiment d'organisation, l'Etat a le devoir d'en prendre la direction ; puis, il faut bien se dire que la Compagnie ne rend pas à l'Etat d'aussi signalés services sans compensation. La compagnie à charte, comme son nom l'indique, naît d'un contrat, or la question est de savoir si les avantages que, par réciprocité, l'Etat reconnaît à la compagnie ne lui sont pas trop préjudiciables, c'est là la grosse objection du système, d'autant plus forte qu'elle aboutit à ce dilemme :

1. Les faits sont connus : La Royal-Niger-Company créée sur l'initiative de Sir George Taubman Goldie par la charte de 1886 s'est établie dans le delta du Niger, signant des traités avec les chefs indigènes, percevant des taxes et des droits de douane, promenant son pavillon jusqu'au delà de Say, enfin s assurant en dépit de l'acte de Berlin, le monopole commercial sur le bas fleuve. On n'a pas oublié ses démêlés avec le lieutenant Mizon et qui ont abouti, grâce à l'appui énergique de Foreign-Office, à la victoire de la compagnie.

Aussi économiquement que procède la compagnie, l'œuvre d'Etat qu'elle entreprend lui impose des sacrifices fort lourds ; or, ou bien elle obtiendra des avantages qui d'un côté compenseront largement l'économie que l'Etat réalise de l'autre, ou bien les avantages par elle obtenus étant insuffisants, la compagnie succombera.

Les avantages sont de deux sortes : moraux et matériels. Les avantages moraux qui ne coûtent presque rien à l'Etat ont une réelle efficacité ; outre un appui moral, énergique et constant, l'Etat accorde à la compagnie de nombreux privilèges et honneurs comme le droit d'entretenir une armée, une police, d'avoir un pavillon, etc., etc.

A côté de cela, il y a les avantages économiques : monopoles commerciaux, concessions de terres, etc.

Dans notre siècle, depuis la création de l'Etat du Congo, les compagnies à charte sont remises en honneur ; il faut reconnaître que contrairement à ce qui qui passait sous l'ancien régime, elles n'abusent point des avantages commerciaux, ceux qui coûtent le plus à l'Etat. Il en résulte que ces compagnies ont de la peine à vivre, que nombre d'elles échouent, ainsi que cela est arrivé pour plusieurs compagnies allemandes.

On ne saurait trop insister sur la précarité des compagnies à charte. Toutes les compagnies qui furent créées en France à la fin du XVIe siècle, à commencer par la compagnie du Canada (1598) et qui se multiplièrent sous Richelieu, toutes échouèrent.

Colbert, pour éviter de nouvelles faillites partagea notre empire colonial entre deux seules compagnies : la compagnie des Indes occidentales et celle des Indes orientales (1663).

Il pouvait à bon droit les considérer comme très fortes car elles avaient des capitaux énormes et ne craignaient plus la concurrence ; puis elles avaient sur les colonies les droits les plus étendus, elles étaient propriétaires souveraines des terres et les exploitaient à leur guise. Or, ce nouvel essai ne réussit pas mieux que le premier et les compagnies à charte végétaient lorsque Law, en les faisant intervenir dans ses imprudentes spéculations, leur porta un dernier coup.

Ajoutons qu'il faut dans le pays qui veut recourir aux compagnies à charte, une société riche, aimant les aventures, hardie, active et faisant assez facilement le sacrifice de ses intérêts économiques dans les questions d'amour-propre, exemple : l'Angleterre.

Maintenant, déléguer même provisoirement certains droits de souveraineté est chose grave de la part d'un Etat, si grave même que tous les pays ne l'admettent pas.

En France en 1891, M. P. Leroy-Beaulieu écrivait : « il faudrait constituer des sociétés qui fus-

« sent douées d'un statut spécial, à savoir de ce « qu'on appelle d'un mot dont on a fait un épouvan- « tail « des droits régaliens ».

La même année, M. Jules Roche avait déposé un projet de loi pour la formation de compagnies coloniales souveraines. Les droits délégués étaient les suivants :

1° Droit de percevoir certains impôts de quotité étroitement délimités.

2° Administration de toute agglomération d'indigènes sur la concession.

3° Exercice de l'état civil et des fonctions de police judiciaire ; les corps de police devaient être agréés par le gouvernement et commandés exclusivement par des Français.

Or cette loi et la théorie qui l'inspirait ont été repoussées parce que justement en France on considéra comme anticonstitutionnel la délégation de droits souverains. Cette phrase caractéristique fut même prononcée : « Un Etat qui ferait cession de « ses devoirs déserterait, ferait faillite à sa haute « mission ». (M. Léveillé).

B. Compagnies de commerce. — Quant aux compagnies coloniales purement commerciales, leur influence sur les dépenses de souveraineté est plus modeste ; elles ont pour but d'éviter à l'Etat certaines dépenses d'assainissement, de travaux publics et sont parfois soumises à des redevances.

Chez nous en 1898, une proposition de loi fut émise portant la création de ces compagnies ; M. Pauliat le rapporteur, proposait d'autoriser le Ministre des colonies à octroyer d'immenses concessions de terres dans les parties encore inexplorées de nos territoires coloniaux, moyennant certaines charges, comme l'obligation de tracer des routes: Toute l'économie de ce projet repose sur l'idée qu'il y a des bénéfices considérables à retirer de l'exploitation des terres coloniales incultes et que l'Etat, s'il en surveille jalousement la répartition, peut en faire son profit (1).

Ce projet de loi ne fut jamais mis en discussion devant les chambres ; l'accord ne put se faire au sein de la commission parlementaire où prévalut cette opinion qu'à l'heure présente si les capitaux peuvent être attirés aux colonies et y être productifs c'est à la condition de ne pas subir de charges étrangères au but de l'exploitation.

Mais dès l'année suivante, usant de leurs pouvoirs propres, les Ministres des colonies ont accordé par décrets un nombre qui s'accroit chaque année de grandes concessions et comme exemple des clauses imposées, citons la concession du 21 novembre

1. M. Gide, professeur d'économie politique, va jusqu'à conseiller le fermage. Cette solution est généralement repoussée, car pour que le colon puisse faire œuvre utile, il faut qu'il se sente propriétaire.

1899, octroyée à MM. Paquier-Mimeral et Kounkler au Congo. Le capital engagé est de 1.250.000 fr., les charges comprennent une redevance à payer au budget local de la colonie qui sera de 6 500 fr. de 1900 à 1905, de 9.500 de 1905 à 1910 et de 13 000 au delà ; 2° une autre redevance de 15 o/o du revenu net ; 3° l'entretien de deux bateaux à vapeur et l'obligation d'assurer le service de la poste. Aujourd'hui une commission importante dite « des concessions » a été constituée ; un cahier des charges-type a été élaboré et le Congo français de la mer au Bahr-el-Gazal a été partagé en 30 concessionnaires (1).

Que donnera ce système ? On ne saurait présager de l'avenir, mais jusqu'ici les résultats ne s'annoncent pas très brillants. Bornons-nous à constater que les compagnies de colonisation, alors même qu'elles seraient couronnées d'un plein succès, n'apportent qu'un palliatif bien léger aux dépenses de souveraineté.

21. Les budgets mixtes.

Le budget mixte, second moyen d'atténuer les dépenses de souveraineté apparaît avec les groupements coloniaux. Plusieurs colonies, chacune conservant son organisation locale, sont réunies dans une même administration centrale et le budget qui y correspond est précisément ce que nous appelons

1. Voir *Revue Larousse*, 10 mars 1900.

le budget mixte. Mixte, parce qu'il participe à la fois du budget local et du budget métropolitain : il se rapproche du budget local par ses recettes qui sont fournies par les colonies confédérées, et du budget métropolitain par ses dépenses, car l'administration du gouvernement général comprend des services qui seraient assurés autrement par la métropole.

Sans doute dans le système autonome que nous avons adopté, les services de dépenses de souveraineté étant très peu nombreux, on n'en peut guère compter parmi les services du budget mixte (1), mais dans ce cas cette organisation évite à la métropole d'accorder des subventions. Ce système en effet, a l'avantage de mettre en pratique l'axiome « l'union fait la force ». En se réunissant, plusieurs colonies qui isolément auraient peine à soutenir leur budget local forment un solide empire qui non seulement assure toutes ses dépenses grâce à la solidarité, mais peut encore se lancer dans des entreprises au-dessus des forces d'une colonie isolée.

Ce système a un autre avantage : l'empire colonial ainsi créé attire l'attention de la métropole, son génie particulier s'impose d'une façon plus nette, il mérite qu'on étudie ses mœurs ; au lieu de lui donner des institutions européennes démarquées, la métropole se donnera la peine de lui créer, si l'on

1. Citons par ex : les dépenses militaires ordinaires.

peut ainsi parler, une législation faite sur mesure.

M. de Lanessan propose dans un de ses livres de diviser les colonies françaises en cinq groupements : Océanie, Amérique, Afrique occidentale, Madagascar, Indo-Chine (1), mais il faut remarquer que ce système de groupement colonial, pour fonctionner utilement, exige des conditions qui ne peuvent pas toujours être réalisées.

Cette réunion administrative de plusieurs colonies ne doit pas être exclusivement artificielle, il faut que la nature s'y prête, il faut qu'aux points de vue géographique, ethnographique, etc., ces colonies se ressemblent. Pour la France, un exemple assez typique d'empire colonial possible nous est fourni par l'Indo-Chine comprenant la Cochinchine, le Cambodge, l'Annam-Tonkin et le Laos.

La réunion administrative ne vient ici que confirmer une union naturelle. Elle n'a cependant pas été facilement admise en France. L'union indo-chinoise fut réalisée une première fois par le décret du 17 octobre 1887.

Son budget était composé des dépenses et recettes suivantes :

Dépenses	Recettes
1. Dépenses de Gouvernement général.	1. Subventions de la métropole.

1. L'expansion coloniale page 1004 et suivantes.

2. Dépenses militaires.	2. Des colonies.
3. Postes et Télégraphes.	3. Postes et Télégraphes.
4. Contributions indirectes et douanes.	4. Part des contributions indirectes.

Cette organisation à peine en exercice fut si vivement critiquée que l'année suivante on la supprima. On reprochait au budget mixte d'être artificiel et arbitraire, le second reproche était la conséquence du premier.

Composé disait-on, d'éléments empruntés soit au budget métropolitain soit au budget local, le budget mixte est une pure combinaison de cabinet qui n'a d'autre but que de masquer la véritable situation d'une colonie, en détruisant l'unité du budget local. D'un autre côté, il est, disait-on, arbitraire parce que souvent dans l'union créée une colonie supporte une part de charges trop considérable et ce, à l'avantage des autres (1).

On ne peut, à notre avis, traiter un tel budget d' « artificiel » puisque — faut-il encore le répéter — il correspond à une réalité bien matérielle. Quand la formation d'un empire colonial bien homogène est possible, le gouvernement général constitue un échelon de l'organisation administrative placé entre la colonie et la métropole un peu comme le dépar-

1. Voir dans le même sens le traité de M. Girault, page 49 et suiv.

tement entre la commune et l'Etat et il est aussi légitime. Le gouverneur général alors est investi d'attributions plus étendues que celles d'un simple gouverneur ; parallèlement le budget général englobe des services qui n'auraient point place dans le budget local.

Quant au reproche d'arbitraire, il ne porte pas : entre les pays ainsi unis, la solidarité financière doit exister et de même que les départements pauvres français sont secourus par les départements riches, de même on conçoit que la Cochinchine paie proportionnellement plus que le Tonkin ou l'Annam.

Limitée aux contrées voisines et étroitement unies la solidarité financière s'impose.

Le décret du 31 juillet 1898 a repris le système de 1887 sans trop de changements ; la partie « recettes » seule a subi quelques modifications. Pour écarter définitivement les subventions métropolitaines, l'apport local s'est accru : aux recettes des Postes et Télégraphes s'ajoutent tous les produits des douanes, régie et contributions indirectes (1). A

1. Exactement le budget général de l'Indo-Chine est, depuis 1898, ainsi composé :

Dépenses.

1° Gouvernement général et services qui en dépendent;
2° Inspection mobile des colonies ;
3° Portion de troupes (troupes indigènes) ;

l'heure actuelle, on ne peut nier les avantages résultant de cette concentration des forces entre colonies voisines.

Outre la force financière conséquence de l'union seule, on constata que les recettes augmentaient par suite de l'extension possible du champ d'application de certaines contributions indirectes.

D'autre part, ce système permet une notable économie de personnel par la suppression de certains emplois qui se répéteraient dans chaque colonie (1).

Les résultats ne se sont pas faits attendre , lors de la création de l'union indo-chinoise, la situation de chaque pays était peu brillante, il y avait des déficits à combler. En une année les finances furent si bien relevées que l'Indo-Chine put sans avoir recours à la caution de l'Etat, faire réussir un

4° Service de la Justice ;
5° Frais de douanes, régies et autres contributions ;
6° Travaux publics arrêtés chaque année ;
7° Postes et Télégraphes.

Recettes.

1° Douanes et régies ;
2° Contributions indirectes ;
3° Postes et télégraphes ;
4° Produits divers ;

1. Cet avantage n'est réalisable qu'avec une administration judicieuse, car le budget mixte peut aussi bien donner naissance à des accroissements de dépenses de personnel par la création pour le gouvernement général de nouveaux emplois à gros traitements.

emprunt de 200 millions remboursables en 75 ans pour l'établissement d'un réseau de chemin de fer.

M. Doumer qui vient de rentrer en France (avril 1902) résumant brièvement son œuvre, constate qu'il n'aurait pu rien entreprendre sans la création du budget général de l'Indo-chine. Et, tout en faisant une large part à l'optimisme que ne peut manquer de renfermer une déclaration *pro domo sua* on est étonné des résultats obtenus.

Grâce au budget général, M. Doumer a réussi à donner une impulsion considérable aux travaux publics, il a pu entreprendre sur les ressources ordinaires trois ponts, dépenser annuellement plus de 5 millions pour la création de routes et plus de 3 millions pour le dragage de voies navigables, enfin commencer la construction de deux ports et mettre en train un ensemble de 11 millions de travaux pour perfectionner le port de Saïgon.

L'Indo-Chine a pris aussi une part active aux dépenses militaires de défense, organisant des corps de tirailleurs cambodgiens et chinois, des escadrons de cavalerie indigène et portant de 1 à 7 les batteries du Cap Saint-Jacques.

Signalons encore l'établissement de directions de l'agriculture et du commerce, de jardins botaniques, d'écoles (école de médecine indigène, école française d'Extrême-Orient) d'un service géographique et géologique, d'un observatoire météorologique, etc., etc.

Nous concluerons donc à l'excellence et à l'économie des budgets mixtes, qui apportent un allègement sérieux aux dépenses de souveraineté.

CONCLUSION

Il est presque superflu de conclure. En effet il n'y a, semble-t-il, qu'à jeter un regard en arrière pour envisager dans son ensemble le système des dépenses de souveraineté qui loin d'être embarrassées par une foule de considérations d'égale importance ou complexes sont dirigées par une ou deux idées capitales très simples, très nettes.

En somme, nous avons constaté que les dépenses de souveraineté se divisent ainsi :

1° Subventions ;

2° Dépenses de services de souverainté : α) absolues, β) relatives ;

Que les dépenses de souveraineté sont à la charge exclusive de la métropole, sauf pour certaines dépenses de services de souveraineté relatives pour lesquelles il y a lieu d'admettre exceptionnellemeut une participation des colonies.

Nous avons ensuite développé le raisonnement suivant :

Il y a 2 systèmes de dépenses de souveraineté parce qu'il y a deux façons de comprendre le gouvernement des colonies. Dans un premier système, on considère la colonie comme une simple province, un département ; dans le second, on respecte davantage son originalité, on la traite comme une sorte d'état vassal.

Entre ces deux conceptions, la première doit être rejetée sans hésitation car elle crée une situation artificielle, la colonie étant autre chose qu'un département.

Elle doit être rejetée en ce qui concerne spécialement les dépenses de souveraineté parce qu'elle donne lieu aux deux règles suivantes :

1° Toutes les dépenses coloniales importantes sont dépenses de souveraineté ; or, les services assurés de cette manière sont coûteux et, parce qu'uniformes, ne s'adaptent pas toujours aux besoins originaux de telle colonie.

2° La colonie doit participer aux charges générales de l'Etat soit en laissant percevoir par ce dernier une partie de ses impôts, soit en lui versant une contribution. L'application de cette dernière règle sera toujours arbitraire et malaisée car la colonie n'y souscrira que contrainte et forcée ; la prospérité de la métropole ne lui apparaît pas d'un intérêt immédiat, elle considère ce secours comme un véritable tribut.

Et ainsi « à *contrario* » se trouve légitimé le système opposé, le système d'autonomie.

Pratiquement enfin, nous avons essayé de montrer que le montant élevé du budget colonial français était dû en partie à l'emploi durant de longues années d'un organisme d'assimilation.

Depuis 1901, nous appliquons les principes d'autonomie. On peut donc espérer — et c'est là notre dernier mot — que les dépenses coloniales supportées par la métropole diminueront bientôt.

VU :
Le Président de la thèse,
J. LEVEILLÉ.

Vu le Doyen,
GLASSON.

VU ET PERMIS D'IMPRIMER :
Le vice-recteur, de l'Académie de Paris,
GRÉARD.

TABLE DES MATIÈRES

PREMIÈRE PARTIE

La théorie

CHAPITRE PREMIER

Pages

NATURE DES DÉPENSES DE SOUVERAINETÉ

CHAPITRE II

DÉTERMINATION DES DÉPENSES DE SOUVERAINETÉ

CHAPITRE III

PAIEMENT DES DÉPENSES DE SOUVERAINETÉ

DEUXIÈME PARTIE

La législation française des dépenses de souveraineté

CHAPITRE PREMIER

L'HISTORIQUE

CHAPITRE II

LE BUDGET ACTUEL DU MINISTÈRE DES COLONIES

APPENDICE

Nécessité des dépenses de souveraineté

CHAPITRE UNIQUE

LAVAL. — IMPRIMERIE PARISIENNE, L. BARNÉOUD & Cie.

www.ingramcontent.com/pod-product-compliance
Ingram Content Group UK Ltd.
Pitfield, Milton Keynes, MK11 3LW, UK
UKHW020144200726
13856UKWH00003B/839

9 782013 074438